70歳までに

知っておきたい!

認知症でも困らない 財産管理の方法

「成年後見制度を活用して
イザという時に
困らない老後対策を」

東向 勲 著

はじめに

今回で2冊目の出版となりました。1冊目は、「おひとり様・おふたり様　成年後見制度活用のススメ」を出版させていただき、独り身の高齢者や子どもがいない高齢者夫婦向けに、成年後見制度の中の任意後見制度の活用を勧めてきました。

現在も独り身の高齢者や子どもがいない高齢者の方々には、任意後見制度を活用していただくことを、セミナーなどを通して、ご案内する活動をしております。このような活動をしていく中で、任意後見制度は独り身の高齢者や子どもがいない夫婦にとって必要な制度だけれども、子どもがいても活用してもらった方がいいのではないか、親が信頼できる子どもと任意後見契約を結ぶことによって、自分らしく老後を生きることができるのではないか、と思うようになりました。

1冊目の書籍の中でもご紹介させていただきましたが、先進諸国では定年退職をしたら、老後のために任意後見制度の準備をしましょう、という社会的な風潮があります。残念ながら日本は、ことが起こってからの事後対応の考え方が主です。医療従事者や介護従事者、行政の担当者もそういった考え方の人が圧倒的に多いです。事後対応ではなく、事前対応で自らの老後は自らの意志で準備する必要があるのではないか、と思うようになり、この書籍を発刊させていただくことになりました。

本書では、認知症になってしまったときに財産管理の方法を事前に準備していた場合と、何も準備していなかった場合で、家族を含めどのような状況が起こるかを書かせていただきました。

日本人の寿命は、今後も伸びることになるでしょう。寿命が伸びると、認知症などになる確率は高くなります。多くの方が認知症などになる可能性があります。認知症になってしまっても大丈夫なように準備する必要があります。本書を通して、準備する大切さをご理解いただけますと幸いです。

高齢者の方々と多く接する機会がある、医療従事者・介護従事者・行政の担当者の方にもぜひ読んでいただければと思っております。

本書を通して、任意後見制度を活用し、自らの老後を自らの意志で決められる方が増えることを望んでおります。

目次

第1章

実際にあったある家族の老後の話

～準備するか、しないかで老後の人生が大きく変わる～

この章では、実際にあったある家族の老後の話をもとに、認知症などになってしまった場合に、財産管理などについて準備しているか、していないか、で家族を含めどんな影響があるかを取り上げてみていきたいと思います。

【ケース① 将来認知症などになってしまうことに対して、何も準備していなかった家族】

ここでは、将来、認知症などになってしまった場合の財産管理について、特に何も準備していなかった家族に対して、どういったことが起こったかをお話しさせていただきます。

夫、妻、子ども二人という家族を例に見ていきましょう。

夫は、定年退職し、妻と二人で自宅で生活をしています。子ども二人は、それぞれ就職し、自宅を出て、生活をしています。こういった家族は、ごく一般的であり、何も特別な家族ではないことはおわかりいただけると思います。

その後、数年が経過し、夫も75歳を超え、介護も必要になってきました。妻は、一緒に生活している夫をしっかりと介護し、夫の財産についても管理していました。そして、

更に年月が経ち、夫が認知症を発症してしまいました。また、介護度についても上がってしまい、自宅で生活を続けていくことが難しくなってきました。

そこで妻は、夫のケアマネジャーと相談して、有料老人ホームに夫婦で入ることにしました。有料老人ホームに入るには、入居一時金を支払わなくてはなりません。施設や年齢など、条件によって異なりますが、この夫婦の場合、６００万円が必要でした。妻は、夫の退職金を銀行に預けていたので、このお金で入居一時金を支払おうと考えました。

そして、子どもたちにも有料老人ホームに入居する話をして、子どもたちも理解をしてくれました。自宅については、どうするかを家族で話し合いました。話し合った結果、自宅の土地は、夫の先祖から受け継いだ大切ものであり、売却せずに子どもたちが継承していくことも決まりました。子どもたちも、しっかりとこの土地を受け継いでいく、と言ってくれました。

その後、妻は有料老人ホームの契約の話などを進めていきました。入居一時金を納める時期がきたので、妻は夫の退職金を預けている銀行へ行き、振込み手続きをしようと窓口に夫の通帳を出しました。夫の退職金は、定期預金に預けていたため、定期預金を解約して、有料老人ホームへ振込む必要がありました。

妻が銀行の窓口で通帳を出すと、窓口の銀行の女性はこう言いました。

「お客様、失礼ですが、ご本人様は一緒に来られていますでしょうか？」

「いや、一緒に来ていません。私は妻ですので、大丈夫です。定期預金の解約手続きをしてください。」

「定期預金の解約は、ご本人様が窓口に来ていただく必要がございます。」

「主人は、介護が必要な状態で外出できません。認知症にもなってしまっているので、自分でお金の管理ができないんです。だから、妻の私が夫の代わりにいろいろとしているんです。」

「ご主人様は、認知症になられているんですか？　そのような状態でしたら、いくら奥様でもご主人様の定期預金を解約することはできません。」

「じゃあ、どうすれば主人の定期預金を解約できるの？」

「お客様、成年後見制度はご存知でしょうか？」

「ええ、聞いたことはあります。そんなに詳しくはわかりませんが。」

「ご主人様に後見人をつけてもらってください。その後見人の方であれば、定期預金を解約することができます。」

「私たち夫婦なのに、そんな手続きをしないと定期預金を解約できないの？　後見人がつくと、主人のお金を自由にできないんでしょう？　そう聞いたことがあるわ」

「成年後見制度の詳しいお話は、ケアマネジャーや市役所などで聞いてください。」

このように、妻は夫名義の定期預金を解約しに銀行に行きましたが、結局、解約できませんでした。定期預金を解約できる唯一の方法は、夫に後見人をつけるということでした。

妻は早速、夫のケアマネジャーに相談しました。ケアマネジャーは、成年後見制度の概要や、どういった手続きが必要かを教えてくれました。有料老人ホームに入るには、夫に後見人をつけて、定期預金を解約し、入居一時金を支払うしか方法はないので、妻は子どもたちにも説明をして、夫に後見人をつけることにしました。

妻は、士業の専門家に依頼し、後見人をつけてもらうように家庭裁判所へ申立を行いました。申立から数ヶ月後に第三者の法律家が夫の後見人として、決まりました。

夫に後見人がついたので、夫名義の預貯金や株式、自宅などの不動産は後見人が管理することになり、妻は管理することができません。妻は、申立の理由であった定期預金の解約を後見人にお願いしました。その後、無事に夫の定期預金を解約することができ、有料老人ホームに入居することができました。

妻は夫の財産を後見人に管理されるという不自由さを感じながら生活していました。

そして、夫婦で有料老人ホームに入居して、しばらくすると後見人からあることを言われます。これがこの家族にとって、悲劇のはじまりでした。

「夫婦で有料老人ホームに入っているので、もう自宅は必要ないのではないか？自宅をそのまま置いていても、固定資産税など税金もかかるし、本人のためには良くないのではないかと思っている。自宅を売却し、本人の老後の資金に充てる方がいいと思うので、その方向で進めていきます。」

妻は、この言葉を聞き、愕然としました。自宅は夫が子どもたちのために残す、という考えでしたので、後見人の考えに猛反対しました。

しかし、後見人は妻の考えを聞こうとしませんでした。後見人は、業務を行っていく上で、本人の家族の了承を取る必要はないのです。後見人は、その後家庭裁判所と相談し、自宅を売却することについて、許可がおりました。

妻や子どもたちは、後見人に対して、夫が先祖から継承している大事な土地は子どもに受け継いでもらいたい、と言っていたことを話しましたが、やはりダメでした。
結局、先祖から受け継がれていた土地は売却されてしまい、子どもたちにその大切な土地は引き継がれることはありませんでした。

このようなことが起きることを誰も想像できませんでした。きっかけは、夫の定期預金を解約して、有料老人ホームに入居することでした。それがこのような悲劇を生むとは、家族の誰も想像できませんでした。

一方、後見人は何か手続き的に間違ったことをしたかというと、何も間違ったことはしていません。後見人として、家庭裁判所と協議をし、許可を得て、自宅を売却しています。後見人が何か不適切なことをしたことはありません。

こういったことが、成年後見制度を利用することにより、起きる可能性があります。この家族は、将来認知症などになった場合の準備ができていなかったので、このような結果になってしまいました。
成年後見制度を正しく理解し、うまく利用すればこのような家族の悲劇を生むようなことはなかったと思います。このケースでの解決方法などは、次章で説明していきます。このようなケースは、何も特別なことではありません。誰でも起こり得る話です。皆さんが当事者になってしまわないように、事前準備が大切になります。

【ケース②　将来認知症などになってしまうことに対して、何も準備していなかった独り身の高齢者】

次に、将来、認知症などになってしまった場合の財産管理について、特に何も準備していなかった独り身の高齢者に対して、どういったことが起こったかをお話しさせていただきます。

家族構成は、次のようになっています。

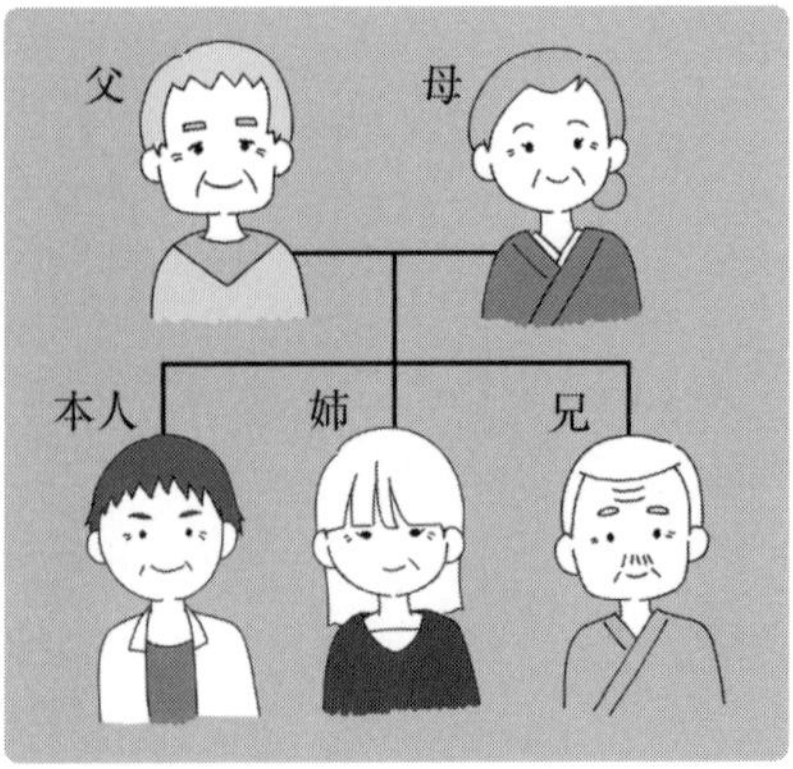

本人は、未婚で独りで暮らしています。兄弟はそれぞれ結婚しており、遠方で生活しています。本人が75歳くらいで介護保険を利用しだした頃から、ケアマネジャーが関

わってくれるようになりました。

その頃は、まだまだ判断能力もあり、自分でしっかりと財産管理が出来ていました。しかし、歳も重ねて、80歳になる頃には年齢的な衰えもあり、次第に自分で銀行にも行けなくなり、自分でお金の管理ができなくなってきました。また、かかりつけの医師からも認知症であるという診断がくだされました。本人は独り身であり、兄弟は遠方で生活しているため、頼ることができません。

こういう状況の中で、ケアマネジャーは成年後見制度を使って、後見人をつけてもらい、その後見人に今後の本人の財産管理をやってもらおうと考えました。

本人の判断能力はかなり低下しているので、ケアマネジャーは法定後見制度の利用を検討しました。法定後見制度を利用するには、申立人となる人が必要です。また、申立人になれる人は法律で決まっていて、「本人・配偶者・四親等内の親族・市町村長」となっています。

そこでケアマネジャーは、誰が申立人になってくれそうか考えました。本人は認知症になっており、法定後見制度の申立について理解できるか、と考えると難しいので、本人が申立人になるのは無理になります。ご両親はもちろんお亡くなりになっています。そうなると、頼るべきところは兄弟になります。

ケアマネジャーは、まず本人の3歳年上の姉（83歳）に電話をすることにしました。

「もしもし、○○○さんのお姉さんでしょうか？　私は、○○○さんの担当のケアマネジャーの△△△と申します。突然のお電話で失礼します。いま、○○○さんは医師に認知症と診断され、自分で財産管理ができなくなっている状況です。○○○さんの近くで頼れる親族がいないので、国の制度で法定後見制度というものがあり、後見人という人を裁判所に選んでもらい、その人に○○○さんの財産管理をしてもらおうと思っています。

その法定後見制度を利用するには、申立人が必要で、その申立人は四親等内の親族でしかできません。○○○さんのお姉さんに申立人になってもらいたく、お電話しました。

○○○さんのために申立人になってもらえませんか？」

「私は今ガンを患っていて、自分の身体を治すことで精一杯です。裁判所とか言っていましたが、私には難しくてよくわかりません。

弟のことを助けてやりたい気持ちはありますが…今は自分のガンの治療でそれどころではないんです。どういう状況かよくわかりませんが、そちらでうまいことやってください。」

「そうですか…」

「では、弟の○○○をよろしくお願い致します。」

そう言って電話が切れました。ケアマネジャーは、お姉さんがガンになっていて、その治療で精一杯である気持ちも理解できました。そして、もう一人の兄（86歳）に電話をかけました。

「もしもし、○○○さんのお兄さんでしょうか？　私は、○○○さんの担当のケアマネジャーの△△△と申します。突然のお電話で失礼します。いま、○○○さんは医師に認知症と診断され、自分で財産管理ができなくなっている状況です。○○○さんの近くで頼れる親族がいないので、国の制度で法定後見制度というものがあり、後見人という人を裁判所に選んでもらい、その人に○○○さんの財産管理をしてもらおうと思っています。

その法定後見制度を利用するには、申立人が必要で、その申立人は四親等内の親族でしかできません。○○○さんのお兄さんに申立人になってもらいたく、お電話しました。

○○○さんのために申立人になってもらえませんか？」

「おっしゃっていることがよくわかりませんが、私も高齢で今は要介護3の状態です。弟のことは心配だが、今の私には何もできません。自分が生きていくのでやっとです。弟のことは、何とか助けてやってください。よろしくお願い致します。」

「法定後見制度を利用するには、お兄さんが協力してくれないとできないんです。何とか申立人になっていただき、裁判所に一緒に行っていただけませんか？」

「さっきも言ったように、要介護3の状態です。外出するのもかなり難しいです。それに裁判所なんて怖いところに行けません。役所に相談して、他の人にやってもらってください。」

お兄さんもそう言って電話が切れました。ケアマネジャーは頭を抱えました。法定後見制度という制度があるのに利用できない事態になってしまいました。役所に相談するも、なかなかこちらが望むような答えが返ってきません。市長申立を検討できないか、要望しますが本人は生活保護者でもないので、検討はするがすぐには対応はできないと言われてしまいました。

そうやっている間に時間はどんどん過ぎていき、本人の手持ちの生活費も無くなってきました。今までは、本人が自分で銀行へ行き、ＡＴＭで生活費をおろしてきました。ケアマネジャーが代わりに銀行のＡＴＭでお金をおろしてくるために、本人に暗証番号を聞きましたが覚えていない状況です。これでは誰も本人の生活費をおろすことができません。

本人の生活を守ることができず、ケアマネジャーは途方に暮れます。しかし、一番大変なのは本人なのです。

将来、しっかりと準備をしていないとこういう状況になってしまいます。国の制度として、法定後見制度があるにもかかわらず、申立人が見つからず利用できない…なんと歯がゆい状況でしょうか。しかし、これも現実に起こった話です。このような状況にならないためにはどのような準備をすればよかったのでしょうか。

この状況は、独り身の高齢者や子どもがいない高齢者夫婦にとても起きやすいです。こういった方々には、あらかじめ元気なうちにしっかりと準備をしておく必要があります。成年後見制度は、法定後見制度のみではありません。本人に関わる介護職、医療職の専門職の方々がしっかりと成年後見制度を理解し、先を見越した対応をしていれば、十分に防げた事態です。介護職や医療職の専門職の方でも、「今」しか見ていないことが多いですし、何かが起こってからの「対応」をする人が多いと、私は感じています。

介護職・医療職の専門職が正しい知識と正しい行動を取ることが本人の利益の保護に繋がります。事が起きてからの対処ではなく、事前対応を心掛けた支援が必要です。具体的な解決方法は、次章以降で詳しくお話しししていきます。

【ケース③　将来認知症などになってしまうことに対して、しっかり準備していた家族】

ここでは、先ほどみてきた「ケース①」をもとに、将来、認知症などになってしまった場合の財産管理について、しっかり準備していた家族が、どういったことに対応できたのかをお話しさせていただきます。

夫、妻、子ども二人という家族を例に見ていきましょう。

夫は、定年退職し、妻と二人で自宅で生活をしています。子ども二人は、それぞれ就職し、自宅を出て、生活をしています。これも「ケース①」と同じです。

《両親が高齢になってきたということで、父親の判断能力があるうちに、長女が成年後見制度を活用して、将来、父親の後見人に長女がなるという契約を交わしておきました。》

この部分が、今までみてきたケースと違うところです。この契約を交わしておくか、交わしておかないかで、今後の老後の人生を左右する結果になってきます。

では、このままケース①と同じ状況で続きをみていきましょう。

その後、数年が経過し、夫も75歳を超え、介護も必要になってきました。妻は、一緒に生活している夫をしっかりと介護し、夫の財産についても管理していました。そして、更に年月が経ち、夫が認知症を発症してしまいました。また、介護度についても上がってしまい、自宅で生活を続けていくことが難しくなってきました。

そこで妻は、夫のケアマネジャーと相談して、有料老人ホームに夫婦で入ることにしました。有料老人ホームに入るには、入居一時金を支払わなくてはなりません。施設や年齢など、条件によって異なりますが、この夫婦の場合、６００万円が必要でした。妻は、夫の退職金を銀行に預けていたので、このお金で入居一時金を支払おうと考えました。

そして、妻は銀行に行き、夫名義の定期預金を解約しようと窓口に通帳を出しました。

「失礼ですが、今日はご本人様は一緒に来られていますでしょうか？」

「主人は介護が必要でなかなか外出できません。認知症にもなっているので、銀行での手続きもできないんです。だから、妻の私が代わりに来ました。」

「ご主人様は、認知症になっておられるのでしょうか？」

「はい、医師に認知症と診断されています。銀行に来ても、自分では手続きできないと思います。」

「ご主人様が認知症になっておられるということですので、ご主人様に後見人をつけていただき、その後見人の方が窓口に来ていただけますと手続きが出来ます。成年後見制度は、ご存知でしょうか？」

「ええ、知っています。そう言えば…娘が数年前に主人と何か契約を結んでいました。ちょっと娘に相談してみます。」

「現在のご主人様の状況ですと、後見人をつけていただくしか定期預金を解約していただく方法はありません。よろしくお願い致します。」

そうして妻は、自宅に戻り、娘に連絡し銀行でのやり取りを話しました。

娘は、予め準備していた契約の効力を発生させるために、家庭裁判所に行き、所定の手続きを行いました。この手続きを完了させると、第三者の法律家が家庭裁判所から後見人の監督人として選ばれます。その監督人が選ばれた時点で、娘は父親の後見人として活動ができるようになります。

無事に監督人が選ばれ、娘が父親の後見人となりました。そして、後見人となった娘は、両親が有料老人ホームに入居するために、父親の定期預金を解約しないといけないということを、監督人と話し合いました。監督人も定期預金の解約の必要性を認めて、定期預金を解約することについて問題ないことを認めました。

その後、父親の後見人である娘は、母親と一緒にもう一度銀行へ訪れます。

「主人の後見人として、娘が後見人になりました。これで定期預金を解約できますか？」

「そうですか。それでは、娘様がご主人様の後見人になったという証明書を出していただけますでしょうか？」

〈娘が父親の後見人であるという証明書を提出する。〉

「確かにそうですね。この証明書で確認が取れました。それでは、定期預金の解約手続きをさせていただきます。」

このようにして無事に父親の定期預金を解約することができ、有料老人ホームへの支払いも済ませることができました。そうして、夫婦そろって、有料老人ホームに入居することができ、快適に生活を送れるようになりました。

その後しばらくして、父親の後見人である娘と監督人が財産管理をきちんと行えているかどうか、など話し合う機会がありました。その際に、現在夫婦で有料老人ホームで生活しているが、誰も住んでいない自宅はどうするつもりか聞かれました。

娘は、父親が昔から先祖から受け継いだ土地は、長男が責任をもって引き継ぐこと、と言っていたことを監督人に話しました。長男も受け継ぐ意思があることを伝えると、監督人は、それ以上のことは何も言いませんでした。

この部分も「ケース①」とは違うところです。「ケース①」では、第三者の後見人に自宅を売却されてしまいますが、このケースでは娘が父親の後見人になっていますので、父親の意向に反して、自宅を売却されることはありません（自宅を売却しないと老後の生活ができない場合は、売却せざる負えないこともあります）。

娘が後見人であることで、父親や家族としての意向が直接的に後見人としての行動に影響を与えます。ここが正に大きな違いです。

将来、認知症などになってしまった場合の財産管理について、この家族はしっかり準備していたので、「ケース①」と違う結果になりました。

皆さんは、どちらのケースがいいですか？

もちろん、今回のケースのようになるのがいい、と思われるでしょう。しかし、ケース③はしっかりと事前準備をしていたから、このような結果になりました。事前準備をしていないと「ケース①」のような結果になります。事前準備の大切さ、重要さをお分かりいただけましたでしょうか。

【準備するか、しないかで老後の人生が大きく変わる】

今まで3つのケースをみてきましたが、とても珍しいケースではなく、どちらかというと、とてもよくあるケースです。ケース①、②は、本当によく現場で起きていることです。ケース③のように事前に準備される家族はほとんどありません。ケース③のような制度もあるので、活用した方がいいと教えてもらい使われる方がほとんどです。

ケース①の場合、家庭裁判所が選任した後見人が、本人のその後の人生を決めていきます。先にも書きましたが、後見人がいろいろと業務を行っていくにあたり、本人の家族の同意や承認は必要ありません。後見人が本人のためにいいと思ったことを実行していきますので、ケース①で書いたように、家族の意向に反して、大事な自宅を売却されることもあります。本人だったら、こういう生き方をするだろうなと思っても、家族は決めることができません。後見人が決めていきます。

このように、事前準備をしなかった結果、本人や家族の意向や気持ちに反して、家庭裁判所や後見人がさまざまな事を決定することがあります。家族にとっては、すごくストレスがかかることになります。もちろん、本人も不本意な思いをすることになるでしょう。

ケース②の場合は、本人が認知症になってしまい、成年後見制度を利用しようと思っても、利用できない事態が起きてしまいます。本人の生活を考えると、すぐにでも成年後見制度を利用した方がいい状況ですが、申立人が見つからず利用できない。本人が一番不利益を被ることになります。本人に関わる方が、もっといろいろな知識を持っていれば防げるはずです。知識がないので、防げなかったことになります。最悪の場合、何年も後見人をつけることができないこともあるでしょう。その間、本人の生活はとても不自由になります。これは、本当に大変な事態になります。

一方、ケース③は将来のことを考えて、娘が父親とある契約を結んだおかげで、本人らしく老後の生活を送れるようになった事例です。

このある契約は、次章でお話ししますが、成年後見制度の中に定められてあるきちんとした契約です。これを準備できたことで、信頼している娘が後見人になれることができました。娘は当然父親の趣味や嗜好を知っています。「もし父親だったら…」と考えて、いろいろな事を決めていきますので、本人の意向に沿った老後の生活をできます。本人の意向に反した行為をされることは、ほとんどないでしょう。

このように事前に準備するか、しないかで本人の老後の人生が変わってきます。ここまで読んでいただき、おそらく皆さんには、事前に準備することの大切さをわかっていただけたと思います。本人らしく…自分らしく…生きていくには、やはり事前の準備が必要です。

次章では、その事前の準備の具体的な説明などをお話ししていきます。一緒にみていきましょう。

第2章

成年後見制度について解説します

この章では、成年後見制度について詳しく解説していきます。私は、仕事柄多くの医療・介護従事者の方と接することがあります。また、市民向け講座などをさせていただく機会が多いですが、正しくきちんと成年後見制度を理解されている方はほとんどいないのが現状です。
この章では、なるべく分かり易く成年後見制度について解説していきますので、しっかりと理解し、この制度を活用してください。

その前に先ほどの第1章の、「ケース②」や「ケース③」について少しお話しさせていただきます。「ケース②」や「ケース③」でお話しした成年後見制度は、【任意後見制度】という制度を活用しています。あまり聞いたことがない方が多いかもしれませんが、これも成年後見制度の中の制度のひとつです。多くの方は、「ケース①」の家庭裁判所に申立をする【法定後見制度】しかご存知ないかと思いますが、この【任意後見制度】も成年後見制度の中に実は存在します。この【任意後見制度】を知らない方が多いので、ほとんど活用されていません。

この章では、成年後見制度の【法定後見制度】と【任意後見制度】の両方を詳しく解説します。実際にご自身やご自身の親が成年後見制度を利用しようとした場合に、【法定後見制度】

を利用したいのか、【任意後見制度】を利用したいのか、を考えながらこの章を読んでいただければと思います。

1　成年後見制度は何のために、いつできた？

成年後見制度がスタートしたのは、２０００年４月です。実は、20年近くも前にできた制度になります。皆さん、驚かれたのではないでしょうか。

２０００年４月というのは、介護保険制度も同時にスタートした年になります。この介護保険制度と成年後見制度は深いかかわりがあり、どうしても同時にスタートしないといけなかったのです。その理由について少し述べていきます。

介護保険制度ができる前は、措置制度が採用されていました。この制度では、行政が本人の福祉サービスを一方的に決めていました。その後、２０００年４月に介護保険制度に変更されました。介護保険制度では、本人とサービスを提供する事業者とがお互いに契約を結び、サービスを受けるという契約制度になりました。

この契約を結ぶ時に成年後見制度がかかわってきます。まず、契約を結ぶ時点で本人の判断能力が十分ある場合は、サービスを提供する事業者と契約しても法律上なんら問題はありません。しかし、契約を結ぶ時点ですでに判断能力がない、もしくは衰えている方は、契約の内容をよく理解できないので契約を結ぶことができません。このような方は、サービスを受けられないと日常生活を送るにあたりとても困ります。そこで、このような方の代わりに後見人が契約を結び、サービスを受けられるようにするために、成年後見制度ができました。

成年後見制度は、本人の判断が十分でない方の代わりに、後見人と言われる人を選任し、法律行為を有効に成立させたり、本人の代わりに行政の手続きや財産管理などを行うための制度です。

簡単に言うと、判断能力が十分でない方の日常生活に関することを、法律的にきちんと認められた後見人が支援します。

2　法定後見制度について

まず、はじめに成年後見制度は【法定後見制度】と【任意後見制度】の総称であるということを理解してください。一般的に成年後見制度は、法定後見制度を指して使われることが多いようです。

成年後見制度は、【法定後見制度】と【任意後見制度】に分類されます。本人の判断能力の状況によって、どちらの制度を利用するかが決まります。

本人の判断能力がない、もしくは衰えている状態であれば、【法定後見制度】を利用します（この状況では任意後見制度は利用できません）。一方、本人の判断能力が十分ある場合は、【任意後見制度】を利用します（この状況で法定後見制度は利用できません）。

ここでは、【法定後見制度】について詳しく説明していきます。法定後見制度では、本人の判断能力がない、もしくは衰えている状態にあります。このような状態では、本人が自分で財産管理することができなかったり、市役所などの手続きも自分ですることが困難になってきます。こういった事を解決するために法定後見制度を利用して、本人の代わりに後見人を家庭裁判所で選任してもらい、後見人が本人に代わって、財産管理や市役所などの手続き、入院した場合の入院の手続きをする制度です。

法定後見制度を利用する場合は、本人の住所地を管轄する家庭裁判所へ法定後見制度の申立をします。申立をする申立人は、誰でもなれるわけではありません。法律上、申立できる人が限定されています。申立できる人は、

- 本人または配偶者
- 四親等内の親族
- 市町村長
- 検察官

になります。右記の方しか、申立人にはなれませんので、注意してください。

また、申立をする際には、注意点が３つあります。

まず、家庭裁判所で申立書類が受理された後は、申立を取り下げることはできません。よほど合理的な理由がない限り、取り下げることは認められません。安易に家庭裁判所へ法定後見制度の申立をしないことです。

２つ目は、本人の後見人として、候補者を申立書類に記載することができますが、最終的に誰を後見人にするかは家庭裁判所の裁判官が決めるということです。

例えば、親の後見人を子ども自らが務めたいといった場合に、申立書類の候補者の欄に子どもの名前を記載することができますが、この候補者が必ずしも後見人として選任されるというわけではありません。最終的に後見人を決定するのは、先ほど述べたように家庭裁判所の裁判官になります。

また、最近の家庭裁判所の傾向では、親族が後見人に選任される割合は年々少なくなっています。その一方で、弁護士・司法書士・行政書士・社会福祉士などの第三者の専門職が後見人になる割合は年々増加しています。

候補者として、子どもや親族の方が手を挙げるのはいいですが、選任される可能性が低いことをしっかりと理解する必要があります。

なぜ、親族が後見人に選ばれる割合が減少したのか。

成年後見制度ができた当時は、家族が後見人として選任される割合は8割から9割くらいと非常に高いものでした。しかし、親族が本人の財産を安易に自分のために使ってしまう事案が全国的に多発したそうです。こういった理由から、親族が本人の財産をさわるのは、相続のときにしてもらおうとなったようです。このような理由から、第三者の専門職が選任される割合が増加しました。

2019年3月の新聞で、最高裁判所が、後見人には「身近な親族を選任することが望ましい」と考えを示した、という記事がありました。各家庭裁判所へも通達したようです。

しかし、この通達を受けてすぐに親族の後見人が増えるとは限らない、と私は思っています。家族、親族の間で争いがなければいいですが、争いがある場合に一方の家族、親族が本人の財産を管理するというのは、いろいろと問題があると考えます。ですので、家族、親族が後見人になれるのは、こういった争いがない場合に限られるのではないかと思います。

次は申立の手続きについて、詳しく説明していきます。

申立人については、先に述べたとおりです。

申立書類は、家庭裁判所のホームページなどにも載っていますので、ご確認ください。中立書類の中には、本人の出生までの戸籍が必要であったり、毎月の収支状況を記載したりとかなり多くの書類が必要になります。

その中でも診断書が必要で、医師に本人の判断能力の状況を書いてもらう必要があります。この場合の医師とは、主治医もしくは、かかりつけ医を指します。この医師についてですが、必ずしも認知症の専門医でないとだめというような決まりはありません。本人の主治医であれば、外科医でも、整形外科医でもかまいません。この主治医もしくは、かかりつけ医が、本人の判断能力の程度によって、

・後見

・保佐
・補助

のどの分類に該当するかを判断します。この判断をもとに家庭裁判所は手続きを進めていきます。また、最近では本人と日常的に関わりがある介護職や福祉職の方に、日常の様子を記載してもらう書類も提出書類として追加されています。

この分類について、少し説明をします。

後見に該当する方は、ほとんど判断能力がない状態の方です。こちらの言っていることなどを理解できない方が、該当してきます。

保佐に該当する方は、日常の簡単な会話は理解できるがそれ以外の少し難しい会話になると理解できないような状態にある方です。

補助は、まだ比較的判断能力がある状態の方です。なかなか文章でお伝えするのは難しいので参考程度になりますが、最終的には主治医もしくは、かかりつけ医がどの分類に該当するか判断することになります。

診断書をはじめとする申立書類を家庭裁判所に提出し、本人や申立人、後見人候補者が家庭裁判所へ出向き、家庭裁判所の方と申立について面談します。その後、だいたい3ヶ月後くらいに後見人が決定し、通知が届きます。

このときに候補者が後見人になる場合もあれば、見ず知らずの第三者の専門職が後見人となる場合があります。後見人選任の理由については、家庭裁判所から開示されません。仮に問い合わせをしても答えてくれることはありません。

親族が後見人として選ばれる可能性が低いので、はじめから知り合いの専門職の先生に候補者として依頼することは、賢明な判断かもしれません。見ず知らずの第三者の専門職に財産管理のために本人の通帳などを渡すのは、気が引けるのも当然のことです。

後見人が決定したあとは、後見人が本人の財産管理をしたり、市役所や介護保険サービスに関する手続きを本人に代わり行っていきます（保佐や補助の場合を除きます。後見の場合を記載しています）。

後見人としての業務は、第2章4で述べていきます。

【法定後見制度のポイント】

- 本人の住所地の家庭裁判所で申立をする。
- 申立人となれる人は限定されている。
- 申立書類受理後は、取下げができない。
- 家庭裁判所が一方的に後見人を決定する。
- 親族が後見人に選任される割合は低い。
- 第三者の専門職が後見人として選任される割合が高い。
- 申立の診断書は、主治医もしくはかかりつけ医に記載してもらう。
- 申立から後見人決定までおよそ3ヶ月くらい時間がかかる。

3　任意後見制度について

任意後見制度は、本人の判断能力が十分にある状態で利用します。任意後見制度は、法定後見制度と違う点がたくさんあるので注意が必要です。

まず、任意後見制度は本人の判断能力が十分にあるうちに、将来自分の断能力がなくなった場合に予め自分の財産管理や市役所などの手続きを誰に任せるかを決めておく制度です。

例えば、本人がどうしても子どもに将来後見人をしてもらいたいと強い希望がある場合は、任意後見制度を利用すれば、本人が将来、判断能力がなくなった場合は子どもが必ず後見人になることができます。この任意後見制度を利用する場合では、公証役場で本人と子どもの間で任意後見契約を結ぶ必要があります。

法定後見制度と違い、任意後見制度は公証役場で、本人と本人の財産管理などを将来任せる相手（将来の後見人）との間で任意後見契約という契約を結びます。また、将来本人の財産管理を任された相手は、将来本人の判断能力がなくなった場合は必ず後見人になることになります（ただ、契約なのである理由で契約を一方的に解除することはできます）。要は、自分が信頼する相手を後見人として準備することができるのです。この点が法定後見制度と大きく異なるところです。

また、手続きも法定後見の申立ほど煩雑ではなく、契約を結ぶだけなので1ヶ月もあれば十分できます。

本人の判断能力が低下してきて、任意後見制度を実際に利用しようとなれば、家庭裁判所に任意後見監督人の選任の申立をしなければなりません。そして、家庭裁判所において、任意後見監督人が選任されたときから、任意後見契約の効力が発生することになります。任意後見契約を締結しただけでは効力が発生していないということになります。

任意後見監督人が任意後見人を監督することになります。法定後見制度の場合は、家庭裁判所が後見人を直接監督します。任意後見監督人は、弁護士や司法書士がなる場合が多いです。任意後見監督人の報酬については、別途必要になり、報酬額などについては家庭裁判所の裁判官が決めます。この点においては、法定後見制度と比べて、任意後見人と任意後見監督人に報酬を支払うことになるので、報酬の総額は大きくなることもあります。

【任意後見制度のポイント】

・公証役場で契約を結ぶ。

・将来自分が信頼する相手を将来の後見人として準備できる。
・一度契約しても解除することができる。
・契約までの時間はだいたい1ヶ月程度。
・必要な手続きは、法定後見ほど煩雑ではない。
・任意後見契約の効力を発生させるには、任意後見監督人の選任の申立をして、任意後見監督人が選任されないといけない。
・任意後見監督人の報酬を支払う必要がある。

4　後見人の仕事について

後見人の主な業務は次のとおりです。

・身上監護

・財産管理

身上監護から順に説明していきましょう。身上監護とは、生活・療養看護に関する事務を処理することです。

例えば、介護サービスを受けるための手続きや、入院した場合の入院の手続きなどを指します。また、介護サービスがしっかりと提供されているか確認したり、入院している場合であれば、病状の確認などもこの身上監護に含まれ、後見人の仕事になります。

身上監護の分野でいくつか注意しないといけない点があります。まず、後見人は本人に対して直接的な介護を提供しないということです。医療や介護に関する契約などの療養看護に関する法律行為のみを行います。

例えば、食事の介助や体位変換などの実際の介護は、後見人の業務範囲外の行為になります。また、病院などへ定期的に通う際の付添や送迎も後見人の業務ではありません。

その他に、本人の自己決定の尊重の趣旨から、本人が生活するために必要な食料品や嗜好品その他の日用品の購入は、成年後見人等の同意を必要とせず、また、取り消すこともできません。

そして、最もよく誤解されることが医療行為への同意です。この医療行為への同意は、後見人の業務範囲外の行為になり、することができません。医療行為とは、ケガや病気を治療するものであり、歯科治療やインフルエンザの予防接種等、手術や延命治療等が該当するが、本人に対する医療的侵襲行為に対する判断は本人固有のものであり、代理権等の及ぶものではない、という考えがあります。

実際に、入院などをした際に病院側より医療行為への同意を求められることがあります。後見人は、医療行為への同意は後見人の範囲外の行為になり、できません。また、延命治療を望むか、万が一のときは人工呼吸器をつけるか、などを聞かれることがありますが、後見人はこれも判断することはできません。こういった事はあくまでも、家族・親族が判断することになります。この事は、病院側でも理解されていないことが多々あります。後見人ができることと、できないことをしっかりと理解する必要があります。

次の財産管理についてですが、これは字のとおり本人の財産等を後見人が管理します。具体的には、本人が受けた介護サービスの支払いや、入院した際の支払い、住民税や毎月の家賃の支払いなどを本人に代わって後見人が管理します。その他に、実印や銀行印、預金通帳、有価証券などの保管及び各種手続きも財産管理に含まれます。

後見人は、本人の生活状況をしっかりと把握して、毎月の支払いなどを行います。本人の財産を増やす目的で、株式投資などを行うことは認められていません。

本人の状況や財産状況などは、家庭裁判所に定期的に報告する義務がありますので、後見人はしっかりと管理しなければいけません。後見人の責任は重大です。もちろん、財産管理については、1円単位まできっちりと報告する必要があります。

後見人ができない業務範囲外の行為について、もうひとつ重要なことがあります。それは、後見人は本人の連帯保証人や身元引受人にはなれないということです。

どういった場合にこの問題がでてくるかというと、施設や病院に入所・入院する場合や、有料老人ホームやサービス付き高齢者住宅に入居する場合の手続きにおいて、連帯保証人や身元引受人を後見人に求めてくる施設や病院がありありますが、後見人は本人の連帯保証人や身元引受人にはなれません。そういった行為は業務範囲外の行為になります。この点もしっかりと理解しなければなりません。

次に、後見人の任期についてお話ししていきます。任期は、法定後見と任意後見について異なりますので順にみていきましょう。

まず、法定後見人の任期について、

- **本人が亡くなった場合**
- **後見人が辞任した場合**
- **本人の判断能力が回復した場合**

に後見人の任期は終了します。いちばん多いのは、本人が亡くなった場合です。病院などで亡くなった場合は、後見人は入院費などを精算し、管理していた財産を相続人へ引き渡し、後見人としては業務終了となります。

亡くなった後の葬儀や納骨などに関することは、後見人の仕事ではありません。あくまでも、本人が亡くなった時点で後見人の役割は終了しています。亡くなった後のことは、家族・親族にしていただくことになります。

　後見人が辞任した場合について、ご説明します。後見人の辞任には、家庭裁判所の許可が必要であり、なおかつ病気や遠方への引っ越しなどの正当な理由がある場合に限られます。よって、「報酬が見込めない」、「本人や家族と性格が合わない」などの後見人の身勝手な理由では、辞任は認められません。

　本人の家族や親族からの後見人に対する解任請求ですが、後見人の不正な行為や、著しい不行跡その他後見の任務に適さないと判断されるなどの正当な理由がある場合に限られます。後見人との性格不一致などの理由では認められません。

　次に任意後見人の任期についてみていきましょう。任意後見の場合、実際に任意後見契約の効力を発生させる任意後見監督人の選任がされているかどうかで手続きが異なります。

　任意後見監督人が選任される前であれば、本人・任意後見受任者（将来の後見人）のいずれからも、いつでも契約を解除することができます。ただし、公証人の認証を受けた書面によって行わなければなりません。一方、任意後見監督人が選任された後の場合、本人または任意後見人は、正当な理由があるときは、家庭裁判所の許可を得て、契約を解除することができます。

実際に後見人になろうと考えている方は、このようなことをしっかりと理解した上で後見人を務める必要があります。一度、後見人になると正当な理由がなければ辞任できません。本人が亡くなるまで、後見人として責務を果たす覚悟がなければ、安易に引受けないことです。

【後見人の仕事についてのポイント】

・後見人が介護サービスなどを実際に提供することはしない。
・医療行為への同意は、後見人の業務範囲外の行為である。
・延命治療などの同意も後見人の業務範囲外の行為である。
・連帯保証人や身元引受人に後見人はなれない。
・後見人の仕事は、本人が亡くなった時点で終了になる。
・亡くなったあとの葬儀などは、後見人はできない。
・後見人を辞任することは合理的な理由がないとできない。

・任意後見契約をしていて、任意後見監督人の選任の前であれば、いつでも契約解除できる。

5　申立費用について

ここでは、法定後見制度を利用する場合の費用と任意後見制度を利用する場合の費用をみていきましょう。

まず、法定後見制度を利用する場合の費用ですが、いちばん大事なことを先にお伝えします。法定後見制度を利用する場合は、申立人が必要になります。申立人が家庭裁判所へ法定後見制度の申立を行います。その際の費用は、申立人が負担することとされています。本人のために行う申立ですが、申立に関わる費用は、申立人負担となります。本人の財産から支払ってはダメということです。裁判所へ支払う費用や申立にあたって法律の専門家に書類の作成を依頼した場合の費用も申立人負担となりますので、この点は十分に注意してください。

本題の申立費用ですが、法定後見制度の場合は家庭裁判所へ手数料を納めます。

・収入印紙…５０００円程度（後見・保佐・補助により異なる）
・切手…５０００円程度（後見・保佐・補助により異なる）
・添付書類として、戸籍謄本や住民票などが別途必要
・法律の専門家へ申立書類作成を依頼した場合の費用

これらの費用が必要になってきます。家庭裁判所へ納める費用などの実費については、２万円もあれば十分です。あとは、これに法律の専門家へ書類作成を依頼した場合は、その費用がかかります。

自分で申立書類を作成することは、時間をかければできなくもないですが、かなり書類の量も多く煩雑です。私は、専門家へ依頼することをお勧めします。

次に任意後見制度を利用した場合の費用について説明します。任意後見制度は、本人がまだ十分に判断能力がある場合に利用します。そして、この制度は公証役場で、本人と将来財産管理などを任せる相手と契約を結びます。その際に、公証役場から任意後見契約以外に生前事務委任契約と死後事務委任契約を同時に結ぶことを勧められます。私自身もこの3つの契約書をいつも同時に結びます。

- **生前事務委任契約**
- **任意後見契約**
- **死後事務委任契約**

1つめの生前事務委任契約は、まだ判断能力が十分にあるが、足を骨折して入院しているような状況で、自分が外出できない場合に、銀行に行ってお金をおろしてきたり、市役所などに行って代わりに手続きをしてもらうことができるように備えておく契約になります。任意後見制度は、先に述べたとおりです。死後事務委任契約は、亡くなったあとの事務をしてもらうための契約です。

この3つの契約書を公証役場で契約を交わします。その際の公証役場の費用は、およそ8万円前後です。これに契約書の原案を作成するにあたって法律の専門家に依頼した場合は、法律の専門家の手数料もかかってきます。

このように法定後見制度と任意後見制度では、費用が違ってきますので注意してください。特に法定後見制度の費用は、申立人が負担することになるということに十分注意してください。

6　後見人の報酬について

報酬についても、法定後見制度と任意後見制度に分けて説明していきます。

まず、法定後見制度の後見人の報酬ですが、毎月いくら払うという形態ではありません。これも一般的に誤解されていることが多いです。

後見人が報酬を家庭裁判所へ請求するタイミングは、本人の誕生月に請求します。おおむね1年に1回請求します。ことのときに後見人としておこなった仕事の報告も家庭裁判所へ同時に行います。

報酬額については、家庭裁判所の裁判官が本人の財産状況や後見人が実際に行った仕事量などに応じて決めます。

報酬額決定の考え方としては、財産が少ない場合は報酬額も少なくなります。財産が少ないと管理する業務量は少ないと推測されるからです。

逆に財産が数千万円もある方は、銀行の預貯金の他に投資信託や株式なども多くもっている場合が多いので、後見人の報酬額は高くなる場合が多いです。財産が多いと管理する業務量が多くなると推測されるからです。

また、不動産の売却などの業務も報酬額が多くなる要因になります。家庭裁判所が決めた報酬は、本人の財産より取得していいことになります。金額算出についての理由や根拠は開示されません。

一方、任意後見制度の報酬については、契約書の中に報酬についての取決めも記載しておきます。任意後見制度は、まだ本人の判断能力が十分にあるうちに契約を結んでおきますので、本人と将来財産管理などを行う人との間で決めて、それを契約書に記載します。報酬額については、自由に当事者間で決めてもらえればいいです。また支払い方についても、毎月払いでもいいですし、半年払いや年払いでも構いません。当事者が合意すれば大丈夫です。

任意後見制度の報酬は、本人の判断能力があるうちに将来の後見人の報酬を決めておくことができます。

【後見人の報酬についてのポイント】

・法定後見制度の後見人の報酬は、家庭裁判所の裁判官が決める。
・法定後見人は、おおむね1年に1回程度、報酬を請求するが、その際には後見人の仕事についての報告書も提出する。
・法定後見人の報酬は、本人の財産より支払いを受けることになる。
・任意後見制度の報酬は、契約書の中に記載しておく。
・任意後見人の報酬についての金額や支払い方は、当事者間で自由に決めていい（当事者が合意する必要がある）。

7　法定後見制度のメリット・デメリット

法定後見制度と任意後見制度のそれぞれのメリット・デメリットをよく聞かれることがあるので、ここで順番に説明していこうと思います。ただ、それぞれのメリット・デメリットについては、あくまでも私の主観に基づくものなので、予めご了承願います。

まずは、法定後見制度のデメリットからみていきましょう。

法定後見制度の場合、本人の状態がすでに判断能力が無いか衰えているということから、本人の事を本人以外の人が決めていきます。とても重要な後見人を誰にするか、ということについては、家庭裁判所の裁判官が決定します。その決定に、本人の意思や家族の希望などが反映される可能性は、とても低いです。

また、後見人が決まるまでに数ヶ月かかります。私は半年かかった経験があります。そうなると、本人のためになかなか迅速に対応するのが難しくなります。

そして、後見人が決まった後は、後見人と家庭裁判所の判断において、本人の老後の生活などがすべて決定されていきます。本人に判断能力が無いということで仕方がない一面もありますが、本人以外の方が本人の生活などについて決めていきます。

そして、注意すべき点としては、後見人が本人のために取る行動について、本人の家族の同意を取る必要はありません。違う言い方をすると、後見人は家族の意見を聞く必要がないということです。こういった点において、後見人と家族の意見が対立することがあります。

その対立により、後見人を交代させることができるか、という質問もよくいただきますが、基本的にはそういった事情では交代させることはできません。後見人を交代させることができるのは、本人の財産を横領している場合などや、後見人自身がガンなどの疾病にかかり、後見業務を遂行できない場合等に限られます。

後見人の報酬についても家庭裁判所の裁判官が本人の財産から〇〇万円支払いを受けていい、と決めることになります。本人の意思に関係なく、家庭裁判所の裁判官の決定で後見人は、本人の財産から報酬をもうらことになります。この点についても、後見人はわざわざ家族に報酬を報告する義務はありません。

他には、申立から後見人が決まるまでに非常に時間がかかるという点です。後見人が決まるまで数ヶ月はかかります。これまでみてきたように、法定後見制度の場合は、本人や家族の意思を反映されにくい点がデメリットと考えます。

一方、法定後見制度のメリットをみていきましょう。

後見人がすでについている場合に、悪徳な契約について騙されて契約してしまった場合、後見人により契約を取り消すことができます。これは本人にとっても安心できるのではないでしょうか。

また、よくある事例として、家族や親族が本人の財産を勝手に使いこんでいることがよくあります。いわゆる「金銭的な虐待」です。

実際に本人に対して、暴力などを与えていないが、本人の財産を勝手に使いこんで、金銭的に虐待をしている場合です。この場合、法定後見を使えば、後見人が本人の財産を管理することになりますので、こういった「金銭的な虐待」から守ることができます。

それ以外に、介護サービスや施設の入居、病院への入院に関しての契約について、後見人は本人に代わり、契約行為をしてくれます。こういった契約行為は、銀行などの信託ではできないことになりますので、よく理解する必要があると思います。

相続の場面でも本人が相続人になっている場合で、後見人がついているときは、後見人が本人に代わり、相続について代理でしてくれます。こういった面もメリットになるのではないでしょうか。

【法定後見制度のメリット・デメリットのポイント】

・法定後見制度は、後見人を家庭裁判所の裁判官が決める。
・法定後見制度の後見人の報酬は、家庭裁判所の裁判官が決める。
・法定後見制度は、本人の意思を反映するのは難しい。
・法定後見制度の申立から後見人が決まるまで数ヶ月かかる。

8　任意後見制度のメリット・デメリット

今度は、任意後見制度についてみていきましょう。任意後見制度のデメリットは、取消権がないことです。法定後見制度の場合の後見人は、同意権、取消権がありますが、任意後見人には、代理権はありますが、同意権・取消権はありません。

法定後見制度のメリットのところでお話ししたように、もし、本人が悪徳な契約を騙されて結んだ場合、法定後見制度の後見人はそれを取り消すことができますが、任意後見制度の任意後見人が取り消すということはできません。その場合は、法定後見を申し立てて、後見人等を選任してもらい、事務を進めていくことになります。

また、報酬の面では、任意後見人以外に任意後見監督人についても報酬を支払うことが必要になってきます。この場合の任意後見監督人の報酬額は、家庭裁判所の裁判官が決めることになり、本人の財産より支払いを受けることになります。法定後見制度の場合よりも報酬の面では、負担が大きくなることもあります。

一方、メリットについてみていきましょう。

任意後見制度の一番のメリットは、本人の意思を将来に反映できるという点です。本人の判断能力があるうちに、将来自分の財産管理などを任せる相手（将来の後見人）と契約することで準備することができます。

法定後見制度の場合は、家庭裁判所の裁判官が後見人を決めますので、この点はとても重要な違いになります。また、将来の後見人の報酬額も本人が元気なうちに決めることができるので、自分の意思を将来に反映させることができます。この点も非常に重要な点です。

他には、法定後見制度に比べて、短時間で任意後見契約の締結ができる点です。法定後見制度の場合、後見人が決定されるまで数ヶ月かかる場合がほとんどですが、任意後見の場合は任意後見契約締結まで１ヶ月もあればできます。

【任意後見制度のメリット・デメリットのポイント】

・任意後見制度の後見人には取消権がないが、法定後見制度の後見人には取消権がある。

・任意後見制度では、将来自分の財産管理などを任せる相手（将来の後見人）を予め決めておくことができる。
・任意後見制度では、将来の後見人の報酬の額を予め決めておくことができる。
・任意後見制度では、任意後見人以外に任意後見監督人の報酬を支払わなければならない。
・任意後見制度の契約の締結は一ヶ月程度でできる。

今までみてきたように、それぞれの制度には様々な特徴や違いがあります。その中で私が最も大切にしている部分は、「本人の意思が将来に反映されるかどうか」という点です。これをある程度満たすことができるのは、任意後見制度ではないでしょうか。

法定後見制度の利用になってしまうと、本人の生活などについては後見人と家庭裁判所がほとんどのことを決めていき、本人の意思はほとんど反映されません。また、先ほども述べたように、後見人が本人のためにする行動について、いちいち家族の同意は必要ではありません（家族の意見が届きにくい場合が多いです）。

誰でも自分の将来のことは、自分で決めたいという気持ちがあるのではないでしょうか。その将来の準備をするのが任意後見制度であり、後に出てきます死後事務委任契約であったりします。各人いろいろな考えがあるかもしれませんが、私はこのような観点から法定後見制度より任意後見制度を勧めています。

現代社会において、「自己決定の尊重」が重要視されている中では、任意後見制度がそれに当てはまるのではないでしょうか。また、社会風潮においても、「老後のことは自分で決めたい」という考え方の方も増えてきているように思います。こういった点においても、任意後見制度をもっと活用するのが望ましいのではないか、と私は考えております。

第3章

任意後見制度を活用して、自らの意志で老後の準備をする

この章では、任意後見制度を活用して、自らの老後の生活について、準備をする大切さについてお話ししていきます。

1　どうして事前に準備をした方がいいのか？

私は介護や医療の現場の方々から、成年後見に関する相談を受けることがたくさんあります。その時によく思うことは、介護や医療の現場の方々は、どうしても事後対応での動きになっているということです。

事後対応とは、もう少し具体的に言うと、認知症など判断能力が低下し、日常生活に支障をきたしてから、その事についてどう対応しようかと考えていることです。

『では、なぜ事後対応ではダメなのか？』

今までの章でお話ししてきましたが、認知症など判断能力が低下してしまうと、成年後見制度では家庭裁判所へ申立する、法定後見制度を利用することになります。法定後見制度は、申立人が必要であり、申立人となる人がいないと申立できません。また、申立にかかる費用も申立人負担となります。

法定後見制度の場合、後見人を選ぶのは家庭裁判所の裁判官になります。そして、多くの場合、後見人は第三者の専門職が選任されることになります。本人の家族や親族が後見人として選任されることは、ほとんどありません。見ず知らずの第三者の専門職が、本人の財産管理をすることになります。

法定後見制度は、本人の判断能力が低下しているため、その後の生活については、後見人と家庭裁判所が決めていきます。後見人が本人のためにする行為について、本人の家族の承諾は必要ありません。

『後見人や裁判所が、本人や家族が望まない行為をする恐れがあります。』

これが法定後見制度において、私が一番懸念するところです。今まで家族やケアマネジャーの方から後見人を変えることができないか、そういう相談をたくさん受けてきました。その原因の多くは、この部分なのです。

後見人や裁判所は、本人のためにする行為について、いちいち家族に相談したり、承諾を取る必要はありませんが、本人や家族に寄り添うことが必要でないかと思います。もちろん、きちんと本人や家族に寄り添いながら後見人の業務をされている方は、いらっしゃいます。しかし、多くの後見人はそういうところを意識して、業務を行っていないのではないでしょうか。きちんと本人や家族に寄り添っていれば、こういった相談を各地で受けることはないと思います。

後見人は、本人や家族の意見などを聞く必要がないが、後見人が本人のためにする行為について、本人や家族の意向と違う場合は、きちんと説明はしてあげるべきだと思います。そこをきちんとしないので、対立関係になってしまうのではないでしょうか。

本人も後見人と家族が対立することを望んではいないと思います。後見人と家族が一緒になって、本人の生活について考えることが理想ではないのかと考えています。

なるべくこういったことにならないようにするには、

『事前に任意後見制度を利用し、本人自らが将来の生活や財産管理を任せる相手を決めておくことが大切です。』

任意後見制度は、先にもお話ししましたが、自分がまだ判断能力があるうちに、将来認知症など判断能力が低下したときに財産管理など任せる相手と、事前に契約において決めておく制度になります。まだ元気なときに自分で将来任せる相手を自分で選び、その人と公証役場で任意後見契約を結びます。

もちろん、任せる相手の承諾が必要ですが、契約すれば必ず将来本人の後見人になることになります。

自分で将来の相手を決めるので、おそらく任された方は本人のことをよく知る方で、本人との信頼関係をしっかりと築けている方だと思います。本人の判断能力が低下した場合には、その方は後見人として、本人ならこうして欲しいと言うだろうな、こうしたことは嫌がるだろうな、ということがよくわかっていると思います。

『要するに、本人の考えや嗜好をよくわかっているので、本人の望むような生活ができるように、いろいろと判断し、行動してくれると思います。』

事前に任意後見制度を本人が準備することにより、法定後見制度の懸念点を解消することができます。

『自分らしく生きる』

これが実現できるのは、法定後見制度より任意後見制度だと私は思います。この点において、本人が事前に任意後見制度を準備することは、とても大切なことであり、必須だと思います。『自分らしく生きる』これは、老後の生活を送る中でとても大切で、重要なことです。これを叶えたいのであれば、任意後見制度を元気なうちに準備しておきましょう。

2　何歳から準備すればいいのか？

「任意後見制度の大切さを理解したが、いったい何歳くらいから準備をすればいいのか？」

こういった質問を一般の方々からよくいただきます。そこで私は、【70歳くらい】から準備をした方がいいとお伝えしています。

それはなぜか？

私の考え方の根拠としているのは、【健康寿命】です。健康寿命とは、「健康上の問題で日常生活が制限されることなく生活できる期間」とＷＨＯ（世界保健機構）が定義しています。日本人の場合、健康寿命は、およそ70歳から73歳くらいです。その年齢以降は、何らかの支援が必要になる年齢になってきます。それが、身体的な支援、いわゆる介護なのか、もしくは判断能力が劣ってきてしまい、その部分での支援が必要なのか。人それぞれですが、何らかの形で周りの人の支援が必要になってきます。※厚生労働省が発表している資料を参照

平均寿命と健康寿命の推移

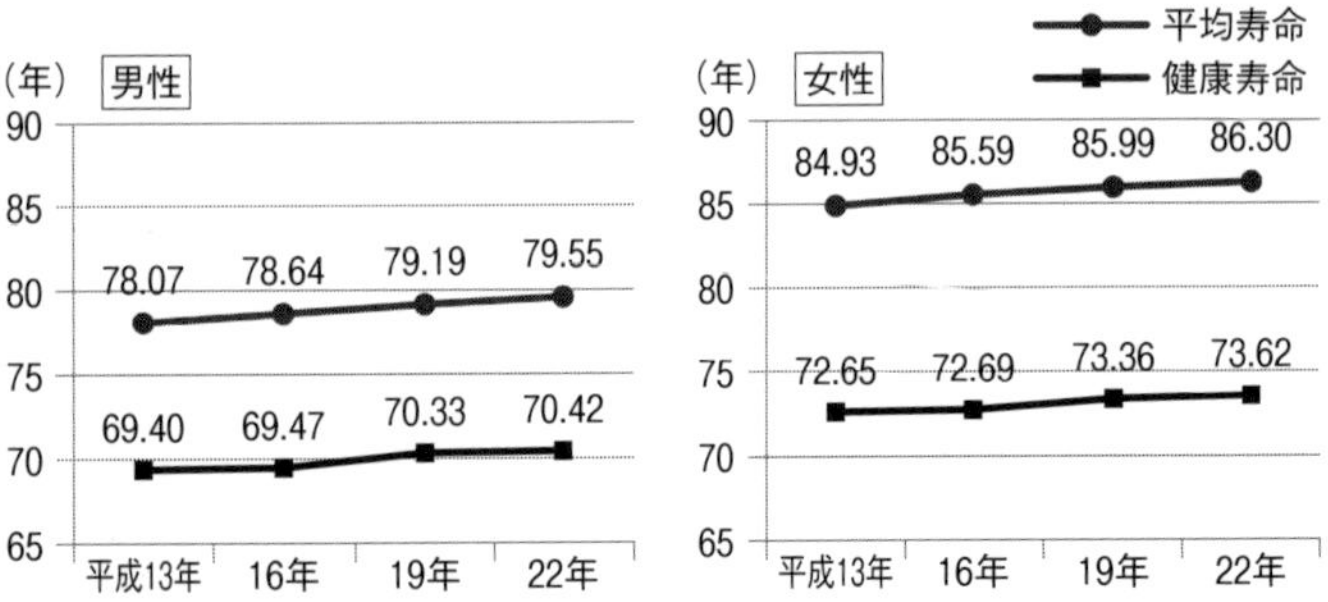

資料：平均寿命は、平成13、16、19年は、厚生労働省「簡易生命表」、平成22年は「完全生命表」
健康寿命は、厚生労働科学研究費補助金「健康寿命における将来予測と生活習慣病対策の費用対効果に関する研究」

［出典］ 厚生科学審議会地域保健健康増進栄養部会・次期国民健康づくり運動プラン策定専門委員会「健康日本21(第二次)の推進に関する参考資料」P26

なので、私は【70歳くらい】から準備をしておくべき。と考えます。

また、健康寿命と平均寿命の差は、およそ10歳です。この10年間は、誰かの支援により生活をしていかなくてはなりません。この10年間をより、自分らしく生きていくためにも、任意後見制度の準備は欠かせないものになります。この10年間を他人の意志により生活を送るのではなく、この10年間をいかに充実したものにしていくか、という視点で考える必要があると思います。

70歳になったら、任意後見制度の準備をしましょう！

3 亡くなった後のことは準備できていますか？

ここまでは、自分が生きている間に認知症など判断能力が低下した場合に備えてのお話しをいろいろとさせていただきましたが、自分が亡くなった後のことも少し考えていきましょう。

自分が亡くなった後の事として、どんな事があるが考えてみてください。

順番に考えていきましょう。まず、病院で亡くなった場合だと、病院に霊柩車の手配をかけて、病院までお迎えに行ってもらわないといけないです。だいたいの病院は、霊安室にご遺体を運び、安置しますが、半日も置いてくれません。なるべく早く霊柩車でお迎えに来てほしいと言われます。病院側も他の方が亡くなった場合、霊安室を使いますので、なるべく早くというのは理解できます。

霊柩車を手配するにあたり、決めておかないといけなのは、どこの葬儀会館・葬儀社で自分の葬儀をするか、ということです。葬儀会館や葬儀社が決まらないと霊柩車の手配もできません。

無事に、葬儀会館や葬儀社が決まり、霊柩車で病院にお迎えに行ってもらうことができました。

次に考えないといけないのは、葬儀内容です。どれくらいの規模の葬儀をするのか？　どの宗派の僧侶に来てもらうのか？　などです。最近では、昔のように華やかな葬儀をする人が減り、ほとんどの場合、一番金額が安いのでいい、とおっしゃる方が多いです。一番安い金額でもおよそ20万円位はかかってくると思います。

葬儀内容などの次に考えないといけないことは、納骨をどこにするかということです。先祖代々のお墓がある方は、特に問題ありませんが、お墓がない方という人は、自分自身の御骨をどうするかを決めておかなくてはいけません。お墓を持っていない方の多くは、永代供養をしてくれるお寺に納骨されます。そういった事も自分自身でしっかりと決めておかなくてはなりません。

こういった事以外にも、亡くなった後やらなくてはいけないことがあります。例えば、

- ○病院などの入院費の精算
- ○介護保険の自己負担分の支払い
- ○賃貸で部屋を借りている場合、部屋の明け渡し
- ○家財道具の処分
- ○電気・水道・ガスなどのライフラインの解約
- ○携帯電話の解約
- ○行政への各種届出　など

こういった事を処理していかなければなりません。こういった事をしっかりと処理してくれる家族・親族がいる方は問題ないのですが、こういった亡くなった後の事をしっかりとやってくれる家族・親族がいない場合は、代わりにこういった事をやってくれる人や団体と予め【死後事務委任契約】を結び、相手方に委任しないと処理できません。

こんな【死後事務委任契約】を結ばなくても、ケアマネジャーや役所の人が勝手にやってくれると思われている方がいますが、ケアマネジャーも役所の人もこういった事を処理できません。誰も勝手には処理できないので、自分でしっかりと準備する必要があります。

この【死後事務委任契約】は、公正証書で契約する必要があります。公証役場で委任する相手方と契約しなければなりません。これは、契約行為になりますので、自分自身に判断能力がある時でしか結べませんので、早めに準備することをお勧めします。

死後事務を委任された相手は、本人が希望するような形で死後事務を処理しなければなりません。【死後事務委任契約】を準備しておいた方がいい人としては、独り身の高齢者や子どもがいない高齢者夫婦、また最近では癌の終末期の方の利用も多くなってきていると感じています。あとは、遠方などに親族がいるが親族も高齢の方で、すぐに死後のことを対応できないということで、この契約を予め、第三者の団体で依頼する方もいらっしゃいます。

死後事務委任契約について、公正証書ではどのような内容の記載になっているか、実際に紹介しましょう。紹介する内容について、このような文面でないといけない、ということではないので、契約内容については、法律の専門家や公証役場の公証人としっかり相談して決めてください。

【死後事務委任契約　内容例】

第1条（契約の趣旨）
○○○○は、△△△△に対し、○○○○の死亡後における事務を委任し、△△△△はこれを受任する（以下「本死後事務委任契約」という。）。

第2条（委任事務の範囲）
○○○○は、△△△△に対し、次の各号の事務（以下「本件死後事務」という。）を委任し、その事務処理のための代理権を付与する。
（1）葬儀、埋葬に関する事務
（2）未受領債権の回収及び医療費、施設利用費、公租公課その他一切の債務弁済事務
（3）身辺整理

（4）年金等、行政官庁等への諸届事務
（5）相続財産管理人の選任の申立て
（6）遺言執行者、相続人、相続財産管理人等への相続財産の引渡し
（7）以上の各事務に関する復代理人選任、事務代行者指定

第3条（費用の負担）
1　△△△△が本件死後事務を処理するために必要な費用は、○○○○　の負担とする。
2　△△△△は、前項の費用につき、その支出に先立って、△△△△が管理している○○○○の財産より、支払を受けることができる。

第4条（報酬）
○○○○は、△△△△に対し、本件死後事務の報酬として、金□□万円（税別）を支払うものとし、△△△△は、本件死後事務終了後、△△△△は、○○○○の遺言執行者、○○○○の相続人又は○○○○の相続財産管理人への引渡しに先立ち、△△△△が管理している○○○○の財産より、支払を受けることができる。

第5条（契約の変更）

〇〇〇〇又は△△△△は、〇〇〇〇の生存中、いつでも本死後事務委任契約の変更を求めることができる。ただし、解除は公証人の認証を受けた書面によってしなければならない。

第6条（委任者の死亡による契約の効力）

1　〇〇〇〇が死亡した場合においても、本死後事務委任契約は終了せず、〇〇〇〇の相続人は、委任者である〇〇〇〇の同契約上の権利義務を承継するものとする。

2　〇〇〇〇の相続人は、前項の場合において、△△△△が本件死後事務を遂行することが困難であるなど特別の事情がある場合を除き、本死後事務委任契約を解除することはできない。

第7条（契約の終了）

本死後事務委任契約は、次の場合に終了する。

（1）〇〇〇〇が破産手続開始決定を受けたとき

（2）△△△△が解散し又は破産手続開始決定を受けたとき

（3）〇〇〇〇と△△△△が締結した「第1　委任契約」及び「第2　任意後見契約」が解除されたとき（ただし、乙が当該契約の解除に先立ち又は同時に、本死後事務委任契約を継続する旨の意思を表示したときはこの限りではない。）

（4）本死後事務委任契約が解除されたとき

第8条（守秘義務）

△△△△は、本件死後事務に関して知り得た〇〇〇〇の秘密を、正当な理由なく第三者に漏らしてはならない。

自分の死後、誰が自分の亡くなった後の事をやってくれるか、考えてみてください。もし、家族や親族の方を頼りにしているなら、その方々に自分の死後のことをやってくれるかどうか確認しておくことも大切です。

自分としては、やってくれるものと思っていても、相手方の親族はそのつもりがない、ということもよくあることです。自分自身で早めに確認しておいた方がいいでしょう。

4　遺言書は書いた方がいい？

自分が亡くなった後、自分の財産についてどのように分けるかなどを書いて残しておくのが、遺言書です。遺言書の中で、先ほどの死後事務委任契約などの内容を一緒に書くことはできません。

遺言書には、自筆遺言書や公正証書遺言書がありますが、多くの法律の専門家の方々がお勧めするのは、公正証書遺言書です。自筆遺言書は、あまりお勧めではありません。

自筆遺言書は、全文を自筆で（代筆不可）書く遺言書のことです。高齢の方などを理由に、他人が代筆することは許されませんので、必ず自分自身の字で書く必要があります。また、デメリットとしては、公正証書遺言書と違い、遺言の存在に相続人が気づかないという事が起きてしまう可能性があること。さらに自筆遺言書は、要件を満たしていない遺言を書いてしまい、遺言自体が無効になってしまう恐れがあること。その他にも、変造、偽造、または騙されて遺言を作成させられたとしても、相続人がそのことを気づかない可能性が十分あります。また、自筆遺言書は、手続き上、相続開始とともに家庭裁判所の検認が必要となりますので、注意が必要です。

公正証書遺言書は、公証役場の公証人に作成してもらう遺言書のことです。公正証書遺言書を作成するメリットとしては、公正証書遺言は公証役場で公証人によって作成されるため、要件不備などで遺言書が無効になることは、ほとんどの場合ありません。

遺言書の有効性を考えると、公正証書遺言書が一番だと思います。また、公正証書遺言書は、公証役場で保管されるため、遺言書が発見されないことや紛失してしまった、などの心配はありません。

こういったことを総合的に踏まえると、自筆遺言書より公正証書遺言書の方が優れていると考えます。遺言書を書こうと思ったら、ぜひ公正証書遺言書を検討してみてください。

公正証書遺言書を特に準備した方がいいのは、独り身の方や子どもがいないご夫婦です。

独り身の方で、ご兄弟がいない場合、ご両親がすでに亡くなっていたら、残った遺産は国に収納される可能性があります。最終的に国に収納されても構わないなら、遺言書の準備はしなくてもいいと思いますが、それを望まないなら、遺言書を準備した方がいいでしょう。
自分の遺産を故郷の市町村に寄付するのか、生前お世話になった方に遺贈するのか、自分の意志でどうするのかをしっかりと公正証書遺言書という形で準備しておくことをお勧めします。

子どもがいないご夫婦については、第1章の事例の中でも少し触れていますが、もう一度ここで公正証書遺言書の必要性についてお伝えさせていただきます。

子どもがいないご夫婦で配偶者が亡くなった場合、もう一方の配偶者の法定相続分は3／4だけになります。配偶者の財産をすべてもらうことはできません。かなりの方は、そうなの？と思われたかもしれませんが、法律上の法定相続分は3／4になります。残りの1／4は、亡くなった配偶者の兄弟姉妹に法定相続分があります。

では、亡くなった配偶者の全ての財産をもう一方の配偶者がもらうには、どうしたらいいか？

生前に公正証書遺言書を作成し、自分が亡くなったら配偶者にすべての財産を与えると書いておけば大丈夫です。これを準備していないと、配偶者は3／4しかもらえることになりません。遺言書を準備することで、確実に配偶者に自分の財産を引き継げることになります（兄弟姉妹には遺留分がありません）。

もうひとつアドバイスするなら、公正証書遺言書を書く場合に、自分が配偶者よりも先に亡くなった場合にどうするかということと、配偶者が先に亡くなり、自分が最後に亡くなった場合にどうするのか、ということの2つの内容を書いておくのがいいでしょう。

公正証書遺言書は、一度書いてもまた書き直すこともできます。判断能力が十分にある時に書いておきましょう。

5　尊厳死宣言公正証書とは？

最近、この尊厳死宣言公正証書をつくりたい、という方が少しずつ増えてきたように思います。

尊厳死宣言公正証書とは、本人が自らの考えで尊厳死を望む、すなわち、延命措置を差し控

え、中止する等の宣言をし、公証人がこれを聴取し、公正証書にするものです

尊厳死宣言公正証書がある場合に、自己決定権に基づく患者の指示が尊重されるべきものであることは当然としても、医療現場ではそれに必ず従わなければならない、とまでは考えられていません。治療義務がない過剰な延命治療に当たるか否かは、医学的判断によらざるを得ない面があること、などからすると、尊厳死宣言公正証書を作成した場合にも、必ず尊厳死が実現するとは限りません。このことは作成する前に理解しておかなければなりません。

あまり尊厳死宣言公正証書の内容を知らない方も多いと思いますので、私がある方の依頼で作成した内容をここで紹介させていただきます。必ずしもこのような内容でいけない、といったものはありませんので、法律の専門家または公証役場の公証人と事前にしっかりと打合せしていただくことが大切になります。

【尊厳死宣言公正証書　内容例】

第1条　私、○○○○は、将来、老衰又は傷病等により死期が迫ったとき、その時点にお

いて、その時の医療技術では、回復させる事が困難な状況にあっても、臨床テストが可能になっている開発途上の先進医療を、私の医療に携わっているチームが私に行うことを希望される場合は、是非、実施していただくようにお願いします。但し、私の疾病が進行して、その原因究明と対策治療の為に新たに医療検査が必要になったとき、その検査が私の身体に多大な負担をかけるものであれば、検査を行わないで下さい。

それらにより得られた知見を今後の医療の進展に活用していただくことを切に希望し、その結果がいかなる状況になろうとも、その責任を追及して苦情を申し立てることを一切致しません。

2　私、〇〇〇〇は、前項記載の医療を受けることができないときは、過剰な医療を望まず、老衰又は傷病等により死期が迫ったとき、死期を延ばすだけの延命措置により生き長らえることを望まず、できる限り自然な形で苦痛を伴わずその生を終わることを希望します。

そこで、私の親族又は私の世話をしている方及び私の医療に携わっている方々に下記要望を宣言します。

記

私の主治医を含む2名以上の医師により、私が、老衰又は傷病等により、現在の医学では不治の状態にあり、延命措置（いわゆる植物人間になった場合の生命維持装置を含む。以下同じ。）によるほか生命を維持できないと診断された場合は、医師も家族も、私の意思に従い、私が人間として尊厳を保った安らかな死を迎えることができるようご配慮いただきたく、次の事項が実施されることを要望します。

(1)　延命措置を一切講じないでください。
既に延命措置がとられているときはすみやかに取りやめてください。

(2)　苦痛を和らげるための処置は、可能な限りの処置を講じてください。そのために私の死期が早められる結果を生じても主治医その他医療担当者に対し、一切苦情を述べないことを誓約します。

第2条　この証書の作成に当たっては、あらかじめ私の家族の了承を得ております。

第3条　私の前記要望を忠実に果して下さる方々に深く感謝申し上げます。そして、その方々が私の要望に従ってなされた行為の一切の責任は、私自身にあります。警察、検察の関係者におかれましては、私の依頼を受けた者や医師が私の意思に沿った行動をとったことにより、これらの方々に対する犯罪捜査や訴追の対象とすることのないよう特にお願いします。

第4条　この宣言は、私の精神が健全な状態にあるときにしたものであります。したがって、私の精神が健全な状態にあるときに私自身が撤回しない限り、効力を失うことはなく、私が意思能力を喪失した後にもその効力を持続するものであることを明らかにしておきます。

このように自分自身の治療方針など、はっきりと示しておきたい方は、この尊厳死宣言公正証書を作成し、主治医やかかりつけ医にしっかりと提示しておきましょう。

先ほども申し上げましたが、このように尊厳死宣言公正証書を準備していたとしても、医療現場ではそれに必ず従わなければならない、とまでは考えられていません。治療義務がない過剰な延命治療に当たるか否かは、医学的判断によらざるを得ない面があること、などからすると、尊厳死宣言公正証書を作成した場合にも、必ず尊厳死が実現するとは限りません。

この尊厳死宣言公正証書や遺言書を作成するにあたり、判断能力があるという点が欠かせません。判断能力が低下したり、劣っていた場合には作成できないこともありますので、判断能力がしっかりしているうちに作成することを強くお勧めします。

6　老後のことは、他人任せにしないこと

私は、主に独り身の高齢者の方と面談する機会があります。その際には、もちろん任意後見制度の説明をさせていただきますが、たまにこういった事を言われる方がいます。

「こんなことを準備しなくても、自分が亡くなったあとの事は、役所の人か誰かが何とかしてくれるだろう」

これは、本当に無責任な言葉だと思っています。本人がしっかり準備してくれていないと、周りで支援している医療従事者や介護従事者の方々は、本当に大変な思いをすることになります。

役所から福祉の支援を受けている方は、ケースワーカーがいますので、何とかしてくれると思います。しかし、役所から福祉の支援を受けていない方は、自分で自分の準備をしてくれないと、残された周りの支援者は大迷惑です。

自分が亡くなったあと、誰が遺体を引き取り、火葬・納骨をしてくれますか？

ケアマネジャーの方は、火葬や納骨をする法的権利はありません。自分の死後を任せる相手がいないなら、事前に死後事務委任契約を準備し、自分の死後の事務について備える必要性があります。こういった契約は、自分で準備し、公証役場で契約を交わす必要がありますので、他人任せではなく、自分でしっかりとやっていかないといけない重要な事になります。自分を支援してくれている、医療従事者や介護従事者に甘えることなく、

「自分のことは自分でする！」

という気概で、自分の人生、他人任せに決してせず、老後の生活の準備をしていきましょう。

第4章

任意後見契約について

第2章で成年後見制度について解説しています。その中で、任意後見制度についても解説していますが、もう一度おさらいしておきましょう。

任意後見制度は、本人の判断能力が十分にあるうちに、将来自分の断能力がなくなった場合に、予め自分の財産管理や市役所などの手続きを誰に任せるかを決めておく制度です。

本人の判断能力があるうちでしか、この制度は利用できません。将来の後見人は、親族以外でも構いません。誰を将来の後見人にするかは、本人の自由です。個人以外に団体や法人も将来の後見人になることができます。

この任意後見制度を利用する場合は、公証役場で本人と将来の後見人との間で任意後見契約を結ぶ必要があります。契約した内容については、法務局の方できちんと登記されます。

1　将来の任意後見人として、任せたい相手がいる場合

将来、自分の財産管理などを任せたい相手がいる場合は、その方と公証役場で公正証書の契

約書として任意後見契約を結ぶことになります。任意後見契約の相手方を誰にするかは、法律で定められている訳ではありませんので、親族以外の第三者の方でもかまいません。本人が一番信頼する方であれば誰でも大丈夫です（※欠格事由は、民法で定められています）。

もちろん、自分が信頼している相手が自分の子どもであれば、その子どもと任意後見契約を結ぶことにより、自分の判断能力が低下した場合、子どもが必ず任意後見人として、財産管理などをしてくれることになります。先にも述べましたが、法定後見制度と違って、任意後見制度の特徴は本人の判断能力があるうちに、将来の後見人を自分の意志で決めることができるということです。自分が子どもを信頼しており、将来の財産管理を任せたいなら、任意後見制度を利用するしかありません。法定後見制度では、家族や親族が後見人として選ばれる可能性がかなり低いのが現状です。

自分が信頼している人に自分の将来の財産管理を任せたいのであれば、自分の判断能力があるうちに、その任せたい相手と任意後見契約を結ぶことが必要です。その準備をしっかりしないと、まったく知らない第三者が法定後見制度の後見人として、あなたの大事な財産を管理することになります。

もうすでに信頼できる相手がいるなら、その人と早めに任意後見契約を結びましょう。行動に移さないと何も実現できません。

2　将来の任意後見人として、任せたい相手がいない場合

将来、任意後見人として任せたい相手がいない場合、どうすればいいのか？これについて一緒に考えていきましょう。

これについては、いくつか選択肢がありますので、順にご説明していきます。

まず考えられるのは、わざわざ任意後見制度を利用しないという選択です。わざわざ任意後見制度を利用せず、法定後見制度を利用し、家庭裁判所に後見人を選んでもらうという考え方もあります。

この考え方もけっして間違っている訳ではありません。任意後見制度をしっかりと理解した

上で、本人の意志でそのような判断をしたのであれば、それでいいと思います。法定後見制度で後見人になってくれる人は、最終的には家庭裁判所が決めてくれます。必ずしも自分で探す必要はありません。

しかし、任意後見人として任せたい相手がいないという人は、どういった方でしょうか？

これは私の勝手な推測ですが、子どもがいても音信不通な状況にある夫婦か、子どもがいない夫婦、もしくは独り身の人ではないかと思っています。こういった方は、自分の老後の財産管理などについて、誰かに任せるということが難しい方だと考えられます。このような方が、任意後見制度を利用しないという判断をされてしまうと、将来困ったことが起きる可能性があります。

「将来困ったことが起きる」とはどういうことか。

それは、任意後見制度を利用せずに、法定後見制度を利用しようと考えて、実際に法定後見制度を利用する場合に、法定後見制度を利用するための申立人がいないという事態が起き、法定後見制度が利用できないことになる可能性があるからです。

こうなってしまうと、本当に困ってしまいます。先にも述べていますが、後見人が決まらないと本人の銀行口座からお金を引き出せなくなってしまい、支払いなどが滞ってしまいます。

このような事態にならないためにも、子どもがいない夫婦や独り身の方は、法定後見制度に頼るのではなく、積極的に任意後見制度の利用を検討していただきたいです。

次に、任意後見制度を積極的に利用したいが、任せる相手がいない場合について説明していきます。

こういった方は、まずは専門家にお願いするのがいいのではないでしょうか。専門家とは、弁護士、司法書士、行政書士などです。

ここで気をつけていただきたいのが、弁護士や司法書士、行政書士のすべての人が成年後見制度に精通している訳ではないということです。それぞれに専門分野がありますので、その専門家が成年後見制度についてきちんと精通しているのか確認してください。

その専門家が成年後見制度について、精通しているのであれば、あとは信頼できそうなのか、自分との性格的な相性は合っていそうなのか、などを検討する必要があります。そうなってくると、一度会っただけでは決めないほうがいいでしょう。何度も会って、本当に信頼できるのかを確かめる必要があります。また、いろんな人にも会うことも必要です。弁護士の人に会ったり、行政書士の人に会ったりと、いろいろな人に何度も会った方がいいでしょう。焦らず、じっくりと決めてください。

また、任せる相手について、いくつか注意する点があります。

任せる相手の年齢についても気をつけましょう。任せる相手が仮に70歳くらいだと、もしかすると自分よりも先に亡くなってしまう可能性があるので、あまり高齢の方と契約するのは避けた方がいいかもしれません。あとは、個人にお願いするのではなく、法人や団体にお願いすることも出来ます。

個人の方と任意後見契約を結んだ場合、もちろんですがその相手方しか、市役所に行って手続きしたり、銀行に行って口座から出金したりできません。もし仮にその相手方が病気になってしまったりした場合、せっかく任意後見契約を結んだのに、銀行などに行ってもらえることができなかったら、何の意味もありません。

このような状況を避けるために、法人や団体と契約することも検討されたほうがいいでしょう。法人や団体が契約の相手方であれば、基本的には法人や団体の職員であれば、誰でも任意後見人として市役所の手続きや銀行の出金などができます。法人や団体が解散しない限り、その法人や団体の職員であれば対応できます。この点が、個人を相手に契約する場合と法人や団体を相手にして契約する場合の違いです。

安心という部分では、法人や団体と契約している方が将来安心かもしれません。個人の方と任意後見契約を結んで、その方がもし先に亡くなってしまった場合、再度任せる相手を探さないといけません。その時に自分にまだ判断能力があればいいですが、自分の判断能力が低下もしくは衰えている場合は任意後見契約を結ぶことができません。

このようなことを考えると、個人の相手方よりも法人や団体を相手に任意後見契約を結ぶ方がいいのではないでしょうか。

3　どんな人を後見人にするのがいいのか

どんな人を後見人にするのがいいのかということについて、ここでは私の意見として述べさせていただきます。

まず、基本的なことですが、自分が信頼する相手を自分の意志で選ばれるほうがいいでしょう。この人なら誠実に自分の将来の財産管理をしてくれる、と信じられる相手がいるなら、その人にお願いすればいいと思います。まずは、自分の意志・判断で決めるのがいいでしょう。

次に、そういう信頼できる人がいないなら、法律家に頼るのがいいでしょう。国家資格を持っている弁護士、司法書士、行政書士などに任意後見契約の相手方として頼めるかを相談してみてはいかがでしょうか。

誠実で信頼できるのか、自分で見極めることが難しいようであれば、ケアマネジャーの方に同席してもらったりして、いろんな方の目でその法律家が「誠実」で「信頼」できるのかを見極めましょう。

また、その法律家が本業でしっかりと稼げているのかも注意しておきたい点です。後見人が財産を横領するという事件が残念ながら後を絶ちません。横領している後見人の多くが、借金などの負債がかなり多くあり、返済が苦しくて、他人の財産を横領してしまっています。

お金に困っていなければ、人のお金を横領することは、あまりありません。おそらくそのような法律家は、本業でしっかりと売上を上げることができていない、と私は思っております。任せたい法律家の事務所のホームページやブログ、ＳＮＳなどをしっかり調べましょう。こちらもできる限りの情報収集し、判断材料として活用していきましょう。

その次に後見人として検討したいのが、法人や団体です。法人や団体に依頼するメリットは、先にも述べましたが、任せた相手方が先に亡くなってしまったり、いざ銀行でお金をおろしてきてほしい時に病気で入院していたりした場合に、せっかく任意後見契約を準備していても、利用するのが難しくなります。

そういった事を事前に避けるために法人や団体を後見人として選ぶのもいいでしょう。

法人や団体であれば、その法人や団体の職員であれば対応できますので、先ほどの事態は起こりえません。

ただ、法人や団体が解散してしまったり、倒産したりすると後見人としての活動はできません。そういったことにならないように、法人や団体についても、法律家を選ぶ時と同じように情報収集が欠かせません。しっかりと財務状況や、運営している主体がどんなところなのかを調べて、見極めましょう。

自分で見極めことが難しい場合は、ケアマネジャーなどに相談してひとりで決めないようにしましょう。

4　生前事務委任契約と任意後見契約をセットで準備する

任意後見契約を結ぶ場合、生前事務委任契約とセットで結ぶことをお勧めします。この生前事務委任契約と任意後見契約をセットで結ぶ形は移行型と呼ばれています。

任意後見契約は、本人の判断能力が将来低下した場合に本人の代わりに財産管理などを行う契約ですが、生前事務委任契約はまだ本人の判断能力があるときでも、本人の代わりに銀行や市役所にいって手続きができるように予め代理権を与えておく契約になります。

例えばこういった場合に使います。本人に判断能力があるが、転倒して骨折してしまい、自分では銀行や市役所に行けないという場合に生前事務委任契約を使って、本人の代わりに銀行や市役所に行ってもらうことができます。この生前事務委任契約があることで、まだ本人の判断能力があるが、本人が入院などにより銀行に行けなくても、振込みやお金をおろしてくることができるので、生活に支障をきたすことがなくなります。

もう一点、セットで結んでおくとよいことがあります。それは、任意後見契約を発効させるときに、任意後見人の監督人を家庭裁判所に選任してもらわないといけません。その監督人の選任の申立から実際に選任されるまでにどうしても時間がかかってしまいます。おそらく1ヶ月から3ヶ月程度かかると思います。その間、どこかに振込みをしないといけない事がでてきたりした場合に、非常に困ります。監督人が選任されるまで、誰も財産管理ができないのでは、本人の生活に支障をきたしてしまうことがあります。

こういった事態を避けるためにも生前事務委任契約があれば、監督人が選任される間は生前事務委任契約の効力を使い、必要なところへ振込んだり、必要な生活費をおろしたりできます。その後、監督人が選任されれば、任意後見契約に切り替わり、間が空くことなく、スムーズに本人の生活を守ることができます。このようにスムーズに支援できるようにということで移行型と呼ばれています。

このように本人の生活についてスムーズに支援するためには、生前事務委任契約と任意後見契約をセットで準備することをお勧めします。

それでは、実際にどのように任意後見契約などを作成していくのか述べていきます。契約書の原案の作成については、法律の専門家に依頼する方がいいでしょう。法律の専門家と打合せをして、どのような契約内容にしていくのかを話し合っていきます。また、代理権についてはどういった範囲で与えるのかなど、本人と相手方とでしっかりと確認します。

契約内容がある程度決まったら、法律の専門家と公証役場の公証人とで打合せを行い、契約内容を確定させていきます。契約書の添付書類として、住民票や戸籍謄本、印鑑証明書が必要になります。高齢者の方でたまに実印の印鑑登録を市役所でされていない方がいますので、スムーズに契約を行うために事前に実印の印鑑登録を済まされるほうがいいでしょう。契約内容が確定したら、契約日を決めることになります。

契約当日は、公証人の立会いのもと、再度契約内容をお互いに確認します。契約内容に問題がなければ、署名・押印を行い契約を締結します。この際の押印は、実印になります。法律の専門家に依頼している場合は、専門家から準備していただくものや契約締結までの流れなどを説明してもらえるでしょう。

契約書は難しい法律用語で書かれてあるので、少しでも理解できない箇所があれば、依頼した法律の専門家へ気軽に質問しましょう。質問を嫌がるような専門家であれば、依頼するのを止めてもいいと私は思います。しっかりと丁寧に説明してくれる法律の専門家に依頼しましょう。何も依頼する側が遠慮する必要はありません。

最後に法定後見制度との関係について述べておきます。

任意後見制度を予め準備していれば、本人の判断能力が低下もしくは衰えてきた場合は任意後見制度を使います。任意後見制度を使うためには、家庭裁判所に任意後見監督人の選任の申立をします。そして、任意後見監督人が選任されて、はじめて任意後見契約の効力が発生します。

しかし、将来任意後見人になる相手が家庭裁判所に任意後見監督人の申立をしない場合や、その相手が病気になってしまい任意後見人として活動できなくなっている場合など、スムーズに任意後見契約の効力を発生させることができない場合は、法定後見制度を利用したほうがいいでしょう。任意後見契約の効力を発生させようとしているということは、本人の判断能力が低下もしくは衰えている状態であるということなので、任意後見契約の効力を発生させる手続きがうまくいかないようであれば、法定後見制度への利用に切り替えて、家庭裁判所へ法定後見制度の利用の申立をしましょう。

任意後見契約を予め準備していても、法定後見制度の利用を妨げるものではありません。任意後見契約を準備していて、将来の任意後見人になる相手方の状況により、効力を発生させる手続きが取れない場合は、法定後見制度を利用しましょう。

5　後見人に与える代理権の内容

次に、任意後見契約を締結した際に任意後見人には、どのような代理権が本人から与えられるのか、具体的にみていきましょう（任意後見契約の場合）。

実際の任意後見契約書の中では、代理権目録として、次のようなことについて代理権を与えるのが一般的であると考えられます。

・介護契約（介護保険制度における介護サービスの利用契約、ヘルパー・家事援助者等の派遣契約等を含む）その他の関連福祉サービス利用契約の締結、変更、解除、解約及び費用の支払等に関する事項
・要介護認定の申請及び認定に対する承認又は審査請求
・福祉関係施設への入所に関する契約（有料老人ホームの入所契約を含む）の締結、変更、解除、解約及び費用の支払等に関する事項
・福祉関係の措置（施設入所措置等を含む）の申請及び決定に対する審査請求
・医療契約並びに病院への入院に関する契約の締結、変更、解除、解約及び費用の支払等に関する事項
・甲に帰属するすべての財産（増加財産を含む）並びにその果実の管理、保存及び処分
・金融機関とのすべての取引

・定期的な支出を要する費用の支払及びこれに関する諸手続
・日常生活に必要な生活費の管理及び物品の購入等に関する事項
・贈与若しくは遺贈（負担付の贈与若しくは遺贈を含む）の受諾又は拒絶
・保険契約の締結、変更、解除、解約並びに保険金の受領
・登記済権利証、実印・銀行印、印鑑登録カード、預貯金通帳、年金関係書類、各種キャッシュカード、有価証券、建物賃貸借契約等の重要な証書等の保管及び各種の手続に関する事項
・住民票の写し、戸籍謄本、登記事項証明書、その他の行政機関の発行する証明書の請求並びに受領に関する事項
・以上の各事項に関して生じる紛争の処理に関し、裁判外の和解・仲裁契約並びに行政機関に対する不服申立て及びその手続の追行
・以上の各事項に関して生じる紛争の処理に関し、弁護士に対して訴訟行為及び民事訴訟法第55条第2項の特別授権事項について授権すること
・以上の各事項に関する復代理人の選任、事務代行者の指定
・以上の各事項に関連する一切の事項

このような範囲において、本人より代理権を与えられます。言葉を反すと、この範囲において、任意後見人は本人に代わって行為をできることになります。

ここに該当しない行為については、代理権を本人から与えられていないので、本人の代わりに何か行為をするということはできません。今みてきたように、右記の範囲は、日常生活における必要な場面を想定して作成しています。

ほとんどの日常生活で起こり得るであろうことについて、代理権を与えるようにしています。これによって、スムーズに任意後見人が後見業務をできるようにしています。

しかし、本人の不動産を処分する場合には、注意が必要になります。本人の不動産を処分する場合には、任意後見監督人の同意が必要になります。本人の不動産を処分するというのは、とても重大な行為になりますので、任意後見人が単独で判断し、行動することはできないようになっています。このあたりについても、もし不安に思っている方がいるようであれば、安心してください。

6　任意後見契約を発効させるには

任意後見契約を締結しただけでは、効力は発生しません。任意後見契約の効力を発生させるには、先にすでに述べていますが、任意後見監督人の選任の申立を家庭裁判所に行い、任意後見監督人が選任されたときから任意後見契約の効力が発生します。ですので、任意後見契約を予め準備をしただけでは、まだ不十分であるということです。

実際に任意後見契約の効力を発生させようと思えば、任意後見人になる予定の人が家庭裁判所に任意後見監督人の選任の申立をします。そして、任意後見監督人が選ばれて、はじめて任意後見契約の効力が発生します。

この任意後見監督人の選任の申立から実際に任意後見監督人が選任されるまでには、やはり数ヶ月時間がかかる場合があります。そして、一番困ってしまうのは、この申立から選任されるまでの数ヶ月の間の財産管理をどうするのかということです。本人が脳梗塞などで急に状況が一変してしまった場合、誰も財産管理ができなくなり、本人の生活費を銀行からおろしてく

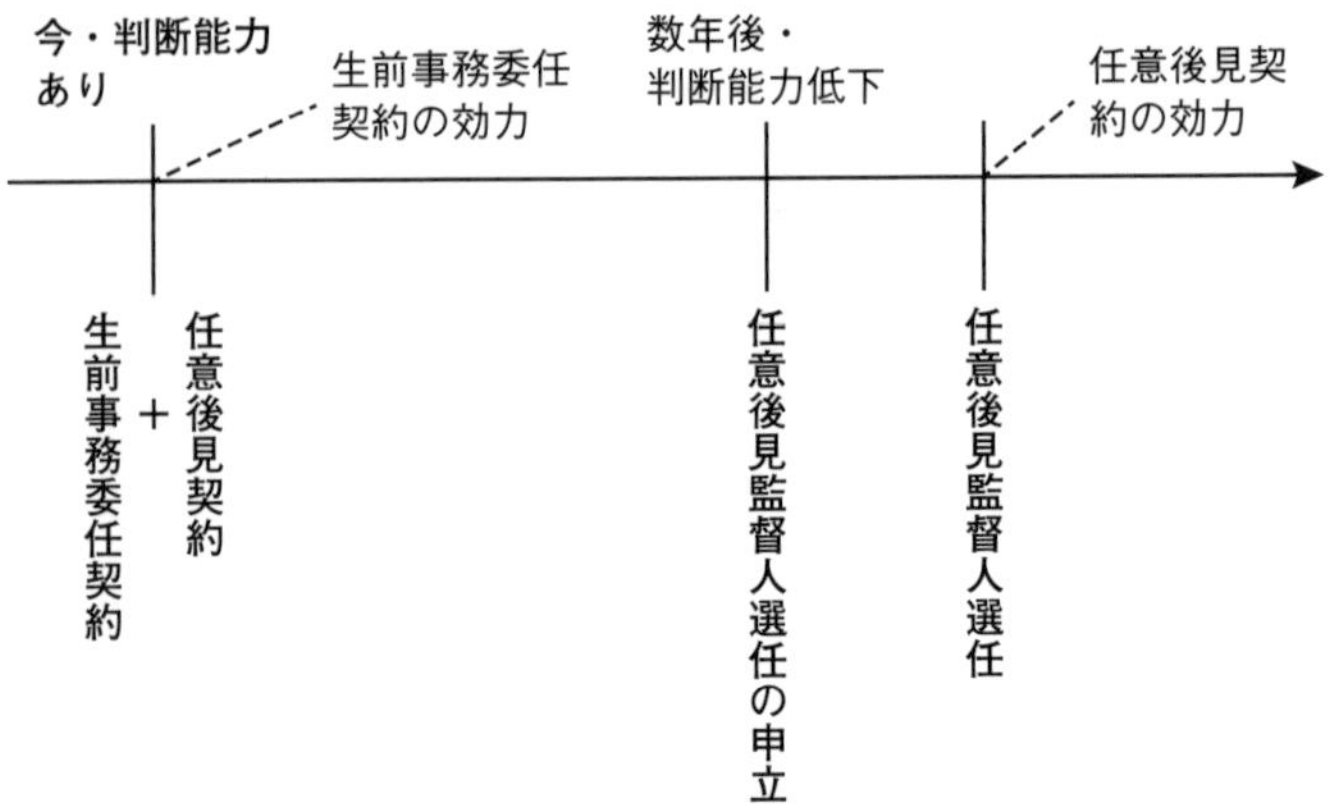

ることや、どこかに支払いなどがある場合は代わりに支払ってあげることができません。この数ヶ月の空白期間を何とかするために、先にも述べた生前事務委任契約と任意後見契約をセットで結ぶことでこの問題が解消されます。

生前事務委任契約の効力は、契約を締結したときから発生しますので、任意後見監督人の選任の申立から実際に任意後見監督人が選任されるこの数ヶ月間の問題は、生前事務委任契約の効力を使って、本人の財産管理などができます。

生前事務委任契約の効力は、任意後見監督人が選任されて任意後見契約の効力が発生すれば、なくなります。生前事務委任契約と任意後見契約をセットで準備しておけば、万が一のときもスムーズに対応できます。生前事務委任契約の必要性について、おわかりいただけましたでしょうか。
少しわかりにくいかもしれないので、右の図を見ながら確認してください。

７　一度契約した将来の任意後見人は変更できるのか

本人の判断能力があるうちに契約をした、任意後見契約の相手方を変更できるのかという質問をよくされるので、その点について述べていきます。

一度契約した任意後見契約の相手方との関係が、そのあと悪くなってしまう場合も十分にあり得ることです。一度契約してしまった任意後見契約ですが、一方からの解約解除はすることができます。それには、もちろんですが本人の判断能力がまだある、という状況が大前提です（本人の判断能力がない状態だと、そもそも契約解除の意志を示しても、それが本当に理解をして言っているのかどうかわからないので）。そして、契約を解除する場合は、公証人の認証を受けることとされています。このような手続きを取ることによって、任意後見契約の相手方と契約解除はすることができます。一度契約してしまったら、任意後見契約の相手方をもう変えることができないということではありません。
このことについてもしっかりと理解をしておきましょう。

8　任意後見制度が必要になった事例

ここでは、任意後見制度が必要になったわかりやすい事例についてお話しをさせていただきます。

①自宅で独り暮らしをしていた方が入院し、その後高齢者施設に入居する事例

この方は、長年団地で独り暮らしをされていました。しかし、ある日家の中で転倒してしまい、足を骨折してしまいました。その後、病院に入院し、手術を受けることになりました。

自宅で独り暮らしにときは、介護サービスを受けていて、ケアマネジャーの方や訪問介護のヘルパーさんが支援してくれていました。しかし、病院に入院する際の入院の契約書や金銭の管理を誰がするのか、という問題が必ずでてきます。

そのときに任意後見制度が必要になります。入院の契約書などは、ケアマネジャーの方が仕方なくしてくれる場合がありますが、金銭の管理まではしてくれません。また、病院も現金を預かってくれることはありません。多額の現金を病室内に持ち込むことを断っている病院も多いです。

私の知っているところでは、病室に何百万円の現金を持っていた事例もあります。ですが、病院側も病室で現金がなくなったという事態を避けるためにも、多額の現金の持ち込みは断っているところが大半です。

独り身の高齢者の方が入院すると、入院の手続きと金銭の管理、この点が必ず問題になってきます。これを解決するには、任意後見制度を利用するのがいいのではないでしょうか。

この方は、その後病院を退院し、有料老人ホームに入居することになりました。その入居の際にも、身元引受人をたてるように言われました。このように多くの高齢者施設で身元引受人や身元保証人をたてるように言われます。厚生労働省などは、身元保証人などを取らないように指導していますが、高齢者施設を運営する側からすると、身元保証人を取らないというのは、経営上とてもリスクが高いので、これからも入居の際には、身元保証人を取ると思います。

この方については、私が主宰する団体が将来の後見人として、任意後見契約を済ませていたので、スムーズに有料老人ホームに入居することができました。

この事例では、長年元気で独り暮らしをしていた方が、骨折、入院を機に任意後見制度の必要性を感じたことになりました。幸い、この方はケアマネジャーの方が元気なときに任意後見制度を勧めて、しっかりと準備できていたので、病院に入院した際や有料老人ホームに入居する際に、スムーズに対応できました。事前に準備できていなかったら・・・と考えるととても怖くなります。

やはり元気なときから、あらゆることを想定して、事前に準備することが一番だと感じた事例でした。

②夫婦で暮らしていた方が配偶者を亡くし、独り暮らしになった事例

この方には、子どもが二人いますが、それぞれ親元を離れて生活をされています。何かあってもすぐに駆けつけられるような距離であればいいのですが、やはり遠くに住んでいるために、その点に不安があります。

ずっと夫婦で自宅で暮らしていましたが、ご主人さんが病気になり、入院生活を送られていました。その時に、私は知り合うことになりました。奥さんは、まだ十分に元気な方だったので、しっかりとご主人さんを支えておられました。

しかし、その後ご主人さんが亡くなり、自宅で独り暮らしになりました。子どもたちは、葬儀などを終わると仕事などもあり、実家を離れることになりました。子どもたちも家族があり、生活があるのでずっと実家にいることは当然難しいです。そうなると、奥さんは今後独りで生活していかなければなりません。奥さんに持病などがないので、今すぐ倒れる可能性は低いですが、万が一のために任意後見制度を準備されてはどうか、とお話しさせていただきました。

子どもたちも遠くに暮らしていたこともあり、奥さんはすぐに任意後見制度の必要性をご理解されて、準備を進めてほしいと決断されました。

このようにスムーズにいく事例は、珍しいと思います。この奥さんは、もともと成年後見制度について前から自分なりに調べたり、市役所に行って聞いてみたりと事前の知識を持っていたので、今自分が置かれている状況と任意後見制度の説明を聞いたときに、必要性をすぐにご理解されました。

いくら子どもがいるから大丈夫、と思っていても、子どもがすぐに駆けつけられない距離であった場合は、日常の金銭管理を子どもたちが行うことは、非現実的です。こういった事を解決するには、自宅にある程度近い方を将来の任意後見人として、任意後見制度を利用するのがいいでしょう。

③独り身の高齢者の方が、入院することになり任意後見制度が必要になった事例

　この方は、過去に結婚したことがありましたが、子どももいなくて、現在は独り身です。判断能力はまだ十分にありますが、車いすでしか移動できない状態です。また、病院では入院患者さん個人の財産などをお預かりすることはできません。これはどこの病院も同じです。

　この方の財産を代わりに保管、管理してくれる方がいなかったので、病院のケースワーカーさん同席のもと、ご本人さんに任意後見制度をご説明させていただきました。病院から自宅に戻ったあとも、同じ問題が生じてきますので、退院後の生活でも必要であることをご説明させていただき、納得して任意後見契約を結ばれました。

　この事例のように、入院がきっかけで任意後見制度を利用される方もいらっしゃいます。病院では、個々の入院患者さんの財産をお預かりすることは、ありません。今回、この病院では、任意後見契約を結ぶまで緊急的に本人さんの財産を預かってくれていました。これはやむ得ない場合であったので、仕方ないですが、本来病院は預かってくれません。

今、元気で自分でしっかり財産管理できていても、いつ急に病院に入院するかはわかりません。そういった時の備えとして、元気なうちに任意後見制度を活用することを強くお勧めします。

9　実際に任意後見制度を利用した方の感想

次に、実際に任意後見制度を利用した方々にご協力いただき、アンケートのような形式で感想をお聞きしましたので、ここに掲載させていただきます。それぞれ違う立場の方々なので、読者の皆さんにとても参考になると思い、私の知り合いの方々にお願いをして、感想を書いてもらいました。

まずは、任意後見制度を利用した本人さんの感想を見てみましょう。

①本人の立場で任意後見制度をして（大阪府　K・Eさん）

Q：制度を利用する前から、任意後見制度を知っていましたか？　任意後見制度を知ったきっかけは、何ですか？

A：何も知りませんでした。月に一度、町内会館でふれあい喫茶があり、ふたつの町の人達が集まり100円で、コーヒー又は紅茶、ボランティアの人が作ったケーキやまんじゅうを食べて、おしゃべりを楽しむ集まりがあり、2~3人の地域包括支援センターの方も来ていて、掃除、料理、買い物、送迎付きのリハビリ等のケアもある事、日常生活で困っていることがあれば、相談してほしいとの事、独り暮らしで子供も親類も無い今の私、この制度がある事を知りました。

Q：任意後見制度を利用する前は、どんなことに困っていましたか？　任意後見制度を利用するにあたり、不安な気持ちはありましたか？

A：子供も3年前に死亡、孫も一人で関東の高校生で遠くてどうにもなりません。友達、近所の人の世話や助けでは、最初は良いが、長い間となると各自生活がありダメ、お金の出し入れ等、管理ができる人にお願いしたいと思っていました。

利用するにあたり、民生委員、役所の人でもニュース等でお金の着服、詐欺等があり、ごまかされないかと思う不安がありました。ケアマネジャーと長く付き合いがあり、それは無いという事で安心しています。

Q：任意後見制度を利用してみて、自分の生活や気持ちはどのように変わりましたか？

A：月に一度は訪問していただき、銀行預金残高はどうなっているか？等、聞きたい時はコピーして送ってもらえるし、書類はきちんと整理してもらえて、終活にむけての整理、遺言書の作成も済みました。

今は、サービス付き高齢者住宅に入居、週2回部屋の掃除や洗濯もあり、食事も時間がくると食堂で食べて、デイサービスにも通い、体操もあって精神的に安定しています。

Q：任意後見制度について、もっと啓発するべきと思いますか？

A：今はコロナの為に老人会もふれあい喫茶も無い状態です。昔より町会には回覧板制度、伝達組織があります。年に2回程度これを利用して知らせる方法等も活用して良いと思います。

ケアマネジャーを通して、直接独り身の高齢者等に伝えることは良いと思います。

今度は逆に、本人さんのような高齢者の方々を実際に支援する地域包括支援センターの職員の方の感想を見てみましょう。

②地域包括支援センターの職員の立場で任意後見制度を利用して（大阪府　F・Jさん）

Q：制度を利用する前から、任意後見制度を知っていましたか？　任意後見制度を知ったきっかけは、何ですか？

A：地域包括支援センターの業務の中に、権利擁護業務があり、その業務の中で、「任意後見制度」を知るきっかけとなりました。また、社会福祉士の資格の中で任意後見制度について学習する機会があるため、制度については、ある程度の理解はありました。

Q：任意後見制度を利用する前は、本人さんはどんなことに困っていましたか？　任意後見制度を利用するにあたり、ご自身や本人さんに不安な気持ちはありましたか？

A：本人の判断能力はしっかりしているのに、今まで頼りにしていた親族に裏切られたことが一番困っているようでした。本人の判断力はしっかりしているのに、体は病気のため全く動けません。自分で銀行に行ったり、支払いの手続きが一人では難しい状況でした。

　任意後見制度を本人へお伝えした時に、やはり一番の不安は金銭面とどんな人が後見人になるのだろうということを不安に感じている様子でした。今までそういう制度の事を全く知らなかった人が、制度を利用することについては、少なからず抵抗があるようでした。

Q：任意後見制度を利用してみて、本人さんの生活や気持ちはどのように変わりましたか？

A：今まで、将来に対して不安を感じながら生活を送っていました。自身が病気で身動きがとれないため、金銭管理は信頼のできる友人に頼んでいました。実際、信頼のできる友人と言っても、気兼ねすることもあったようです。任意後見制度の利用後は、法的に効力のある形で、自分の金銭を管理してくれて、今までの不安な気持ちがなくなったようでした。

実際に、任意後見制度を利用してから、居所を変更しなければならなくなったのですが、何の問題もなく、滞りなく進んでいきました。もし、任意後見制度を利用していなかったら、契約や保証人等色々な課題が見つかったと思います。任意後見制度という後ろ盾があることで、家族や周りの人に頼らず、万が一の時にも助けてくれる支援者がいるということで、前向きに物事を考えることができるようになったと感じました。

Q：任意後見制度について、もっと啓発するべきと思いますか？

A：地域包括支援センターで働いていて、後見に関する相談を数多く受ける中で、身寄りのない人や、身寄りがいても疎遠な状態の方を多く見てきました。そういう人にとって、将来に不安を感じるのは当然だと思いますし、誰かに助けてもらったり、自分の後ろ盾になってほしいと思う気持ちは大きいと思います。任意後見制度がそういう人達の選択肢の一つとして、身近になればと感じます。

次は、医療の面から支援する訪問看護師さんの立場で感想を書いてもらっています。訪問看護師さんも日常的に高齢者の生活の支援を行っています。そういった立場から見た任意後見制度の感想を聞いてみましょう。

③訪問看護師さん（大阪府　I・Mさん）

Q：制度を利用する前から、任意後見制度を知っていましたか？　任意後見制度を知ったきっかけは、何ですか？

A：利用したことはありませんでしたが、知っていました。研修会で任意後見制度の話を聞きました。

Q：任意後見制度を利用する前は、本人さんはどんなことに困っていましたか？　任意後見制度を利用するにあたり、ご自身や本人さんに不安な気持ちはありましたか？

A：身体の自由が利かなくなり、頼れる人が近くにいないので何年も動かしていない通帳があり、金融機関から連絡があってもどうすることもできない状況が続いていました。病院に入院することになっても、手続きをしてもらえる人がおらず困っていました。人を信用し受け入れることが難しい人で、今まで誰にも頼らず生活してきたという自負があり、兄弟がいても、今までの関係性から頼りたくないとかたくなに拒否されました。

困っていることは沢山あったと思いますが、一番は今まで自分の老後を考えて貯めてきたお金を使うと無くなってしまうのではないかという不安が大きかったように思います。幸いなことに身体は自由に動けなくても、判断能力はあり自分の思いを伝えることも問題ありませんでした。

ただ自分の死後は、残りの財産が兄弟に渡ることを拒否し、ほかに渡したい人がいると明確な希望がありました。まず遺言書作成から関わっていただいたので、その時点で安心され、信頼されていたように思います。

Ｑ：任意後見制度を利用してみて、本人さんの生活や気持ちはどのように変わりましたか？

Ａ：若い時から、贅沢は一切しないで一生懸命貯金してきたが、身体が弱って動かなくなって、困るとは考えていなかったと話されています。一人暮らしが困難になり、施設生活になりましたが、本人からはお金の心配をしなくていいのが一番、わからないことがあっても先生に相談できると今まで人に頼ることを拒否されていたことが嘘のように安心した生活を過ごされています。

Ｑ：任意後見制度について、もっと啓発するべきと思いますか？

A：老後の準備は、いつまでも元気で過ごせるとは限らないので「判断能力があるうちにしっかり決めておく」ということを若い世代に伝えていただければと思います。

家族がいても、いなくても、後見制度というのがあるということを知る機会を作っていただきたいです。

次は、本人さんたちにとって、とても頼りにされる介護支援専門員（ケアマネジャー）さんの立場から任意後見制度について、どのように思っているか見てみましょう。

④介護支援専門員さん（大阪府　N・Tさん）

Q：制度を利用する前から、任意後見制度を知っていましたか？　任意後見制度を知ったきっかけは、何ですか？

ケアマネジャーの業務上、認知症については沢山勉強をするのですが、それに伴い任意後見制度といいのは度々耳にします。

　私が所属する事業所の地域では、権利擁護の役割を担う地域包括支援センターが時々、任意後見制度についての研修をしてくれています。ただ、教科書で勉強するだけではなく、実際に制度を利用してその安心感を体感して始めて任意後見制度というものを知った気がします。

Q：任意後見制度を利用する前は、本人さんはどんなことに困っていましたか？任意後見制度を利用するにあたり、ご自身や本人さんに不安な気持ちはありましたか？

　ご本人は家族支援者の居ない方です。ホームヘルパーさんや私に将来のお金の管理を委ねようとしたり、漠然とした不安を解消しようとしている様子がうかがえました。時々交流のあるご友人については「信頼できない」と悩まれていました。90歳を超える高齢で持病もお持ちでしたので、担当ケアマネジャーとして常に不安はありました。

　任意後見制度の利用をすすめたのは、その不安の解消と、今まで何でも自分で決めて実行してきた非常に意思の強い方でしたので「なるようになる」でなく、将来のこともきちんと自分で考えて決めていただきたいと思ったからです。

利用にあたり私の不安は、ご本人に制度の利点をうまく伝えられるかでした。

ご本人は初めて対面する方とお金の話をすることに対して不安を感じていました。私が契約に立ち会ったこと、また公証人が来てくれたことで安心されたように思います。

Q：任意後見制度を利用してみて、本人さんの生活や気持ちはどのように変わりましたか？

家族支援者が居ないことによる不安が山積みでした。任意後見制度に加えて生前事務委任契約も行ったのですが、やっと確かな今後の道筋が描けるようになりました。契約時は、将来の住処の意向、万が一の時に知らせて欲しい人が居るのか、財産を託したい人はいるのかなど、簡単ではありますが今までできなかった話をする機会にもなりました。

丁度住んでいた団地を退去するタイミングでもあり、新しい住まいの手続きも任せることができました。急な入院することになったら、認知症になったら…そんな不安が随分と解消されました。

ご本人も、今まで人の善意のサポートに頼ってきたので常に謝礼に気を使っていましたが、遠慮なく受けられるサポート体制が整ったこと、今まで漠然と「なんとかなる」と思ってきた今後について考える機会をもてたことに満足されていました。

Q：任意後見制度について、もっと啓発するべきと思いますか？

A：私は、特に家族支援者の居ない高齢者に対して「なんとかなる」ではいけないと啓発しています。善意のサポートに頼って生活していたのではいつか立ち行かなくなると考えています。

突き詰めると、判断能力がなくなった時のこともきちんと、責任をもって考えておくことが必要だということです。

今「人生会議」への取り組みが推進されていますが、ケアマネジャーの基本である「利用者本位」のケアマネジメントを行うには、ご本人が人生の最終段階まで何を望んでいるのかを共有する必要があります。

元気なうちに自分のことを決めておくこと、それを確実に実行できるよう備えておくこと、そのための任意後見制度を知っていただけるよう広く啓発するべきだと思います。

実際に現場で働いている医療・介護従事者の生の声はいかがだったたでしょうか。また、本人の立場の方の声もありましたので、とても参考になったと思います。なかなか本人の立場の意見を聞く機会もありません。

先の方々の声をまとめてみると、まず任意後見制度は知っているが使ったことがなかった、という意見が多かったです。やはり、制度としての知識はあるが、どのようにこの任意後見制度が活用するか、がイメージできていないことが課題として改めてわかりました。医療・介護従事者の方には、知識だけではなく、現場で使える任意後見制度の理解が必要だなと感じました。

ご本人さんに気持ちの変化でみていくと、任意後見制度を利用する前は不安だったが、利用してみると不安がなくなり、落ち着いて生活しているという意見が多かったです。

将来の不安を解消するためにも任意後見制度を活用すべきと私も思っています。将来の不安がなくなると、今をもっと前向きに生きていけるのでは、と強く感じています。ご本人さんの将来の不安を解消することは、医療・介護従事者にとって大事な務めです。その解決の提案として、しっかりと任意後見制度を理解し、ご本人さんへ説明するのは、とても重要です。

まずは、基礎的なことからしっかりと任意後見制度の理解を深めて、ご本人さんの将来の不安を一緒に解決することがとても大切です。

そして、実際に任意後見制度を活用して、体験し、その体験をさらに同じ医療・介護従事者の方々に伝えてほしいと思います。草の根運動のようにはなりますが、まずは身近な仲間にしっかりと任意後見制度を活用した体験を伝えていき、制度の普及の一助になってほしいと思っています。

私も２０２１年は、任意後見制度の普及に更に力を入れて活動していこうと思っております。国の補助金等はもらっていませんが、もっと医療・介護従事者や市民の方々にこの任意後見制度を知っていただきたいので、啓発活動をさらに力を入れて行っていきます。

第5章 おひとり様やおふたり様はどうすればいいか？

この章では、特に任意後見契約の準備が必要な独り身の高齢者、子どもがいない高齢者夫婦について、どのような準備をすればいいか、を私なりにお話しさせていただきます。

私は、セミナーや講演会をよく依頼されますが、そのセミナーや勉強会でお話しさせていただく中で、「もっとも任意後見契約を準備する必要があるのが、独り身の高齢者と子どもがいない高齢者夫婦です」と強く訴えています。ここまでにお話ししたように、これらの方々は任意後見契約の準備をせずに、認知症など判断能力が低下してしまった場合に、法定後見制度を利用しようとしても、制度を利用するのに必要な、中立人が見つからない場合があるからです。

法定後見制度を利用できないと、誰もご本人の口座からお金を引き出すことも、どこかに振込むこともできません。こういた事態を回避するためにも、独り身の高齢者や子どもがいない夫婦は、任意後見契約の準備をするべきです。

「私はまだ元気だけど、任意後見契約はいつから準備すればいいのか？」

この質問はいつもいただきます。そして、私はこのように答えます。

「元気なうちしか準備できないので、今してください。どのタイミングがわからないなら、70歳までに準備してください」

と申し上げています。

本書の第3章でお話ししたように、健康寿命のことを考慮すると70歳という年齢がひとつのラインになるのではないでしょうか。まだ身体が元気な70歳までにしっかりと準備することを強くお勧めします。

また、セミナーなどの質問では、

「将来の後見人を任せる相手がいない場合は、どうすればいいのか？」

「将来の後見人を任せる相手をどのように選べばいいのか？」

といった質問をよく受けます。

将来の後見人を任せる相手が、きちんと将来自分のために仕事を誠実に行ってくれるかを見抜く基準を示すのは、なかなか難しいことです。しかし、何か少しでも目安を示すために次のような話をしています。

1　信頼できる団体・法人の見分けるポイント

まず、注意してみていきたいのは、運営主体がどんなところで、代表者や役員がどんな人がいるのか、という点です。

民間人が設立した団体や法人もありますので、その民間人がどのような人なのかをしっかりと調べられる範囲で調べることです。信頼できる団体なのか、入会しても大丈夫な法人なのか、それを判断する材料は多ければ多いほうがいいと思います。

また、例えば不動産会社が別の法人をつくって運営していたりすることもあります。その法人自体を調べることはもちろんですが、その親会社にあたる不動産会社もしっかりと調べる必要があります。

具体的に調べる内容は？　と言うと、やはりどんな人が代表者をしているのか、親会社の経営はうまくいっているのか、ちゃんと想いがあって高齢者の支援をしているのか、こういった事を調べるのがいいのではないでしょうか。

もう少し掘り下げてお話しさせていただきます。運営している人がどのような人かを見ていくポイントとしていくつか挙げさせていただきます。

まず、なにか国家資格をもっているかという視点もひとつのポイントになると思います。国家資格者イコール信頼できる人、にはなりませんが、ひとつの安心材料であることには間違いありません。

国家資格者が仮に横領などの犯罪行為を犯すと、その資格をはく奪されることが多いです。そうすると、今まで資格をつかって仕事をしていましたが、資格がなくなると仕事ができなくなり生活が困ってしまいます。こういったリスクを冒してまで、国家資格者が横領などの犯罪行為をする可能性は低いです。そこが民間人とは違うところ、と私は考えます。

あとは、その人がどれだけ高齢者支援を積極的に行っているかも確認したいところです。インターネットで調べれば、その代表者が高齢者支援について活動しているのであれば、情報が出てくると思います。例えば、いろいろな地域で講演しているとか、高齢者支援の分野において新聞で紹介された等、しっかりと真面目に活動していれば、インターネットには情報として出てくると思います。できる限りの情報をしっかりと調べましょう。

団体や法人も同じように調べましょう。どんな役員構成なのか、どんな想いで活動しているのか、このような事は一般的にホームページなどに載っている情報になるので、簡単に取得できると思います。逆に、役員構成や活動内容、団体を設立した想いなどが書いていない団体は避けるべきである、と私は思います。

設立に対する想いやどんな想いで活動しているのか

ここが一番信頼できるかどうか重要だと思っています。この「想い」がない活動は、結局お金儲けだけを目的にしている団体であるということです。ホームページでは立派な内容を書いていても、地域でそのような活動をしてなかったら、インターネットで調べればすぐにわかります。しっかりと想いをもって活動していれば、インターネットには必ず活動している情報が出てきます。

きちんと「想い」をもって活動しているか、これは本当に信頼できる団体かを見極めるには大きなポイントになります。

【見極めるポイント】

- 運営主体はどこなのか？
- 親会社が別にあるのか？
- 経営状況はどうか？
- 代表者はどんな方なのか？
- 国家資格などを持っているのか？
- 団体の役員構成や活動内容は？
- 想いを持って活動しているか？
- 地域社会でしっかりと活動しているか？

他に注意すべき点としましては、各団体によって提供するサービスの内容に違いがあるということです。

ある団体では、やってほしいことが別途オプションになっており、高額な費用がかかったなどよく聞く話です。自分がやってほしいことをきちんとしてくれるのか、これにはどれくらいの費用がかかるのか、しっかりと理解していかなければなりません。

しかし、高齢者の方々が複雑なサービスや契約を隅々まできちんと理解するのは、相当大変なことです。そのために周りの人に相談することをお勧めします。

2　周りの人にも相談しましょう

将来の後見人を受けてくれる団体に加入するにあたり、相談できる人が自分のまわりにいればいいのですが、このような団体のサービスを必要としているのは、独り身の方や子どもがいない夫婦です。このような方は、まわりに相談できる方が少ないと思います。そうなると自分だけで決めてしまうことがどうしても多くなります。

数年前に倒産した全国団体のときには、私の主宰する協会にもその団体の会員さんが相談に来られました。自分たちは、まわりに頼る人がいないからその団体を頼りにして入会したのに騙されるなんて…と、誰に相談していいかわからず、私たちの協会に相談に来られた方が何人もいました。

こういったことを少しでも防ぐように、やはり入会する団体のことをしっかりと調べて、まわりの方に相談することが大事だと思います。相談できる方がいない場合は、市役所や地域包括支援センターなどに相談してみるのもいいと思います。

まずは、ひとりで決めようとしない、いろいろな人の意見を聞いてみる、ということをしましょう。もちろん、最終的に判断するのは、本人自身がすることになります。判断した結果の責任は、自分にあります。そのことを忘れないようにしましょう。

他人のせいにするようでは、まわりの方も意見できなくなります。あくまでも自分の責任のうえで、まわりの方の意見を聞いてみましょう。

3　自然災害に備えるために準備する

ここでは、自然災害に備えるにあたっても、任意後見制度を予め準備しておく必要性がある、ということについてお話ししていきたいとおもいます。

ちょうどこの原稿を書いているときは、新型コロナウイルスの影響により、日本では初めて緊急事態宣言が発令されている最中でした。外出を控え、皆自宅にできるだけ待機している状況で、観光業や小売店は休業、企業では在宅勤務が奨励され、学校も休校になりました。

特に高齢者は、感染してしまうと重症化しやすいと言われており、高齢者施設でも面会中止、外出禁止になっています。

こういった新型ウイルスの影響で社会全体の活動が止まってしまうことなんて、誰も想像できませんでした。こういった事がこれから起きてしまうということも想定しながら、生活していかないといけません。

それでは、こういった緊急事態宣言が発令されている中で、仮に、皆さんが独り身の高齢者や子どもがいない高齢者夫婦としましょう。高齢者施設で暮らしていて、緊急事態宣言が発令されているので、施設から外出は禁止と言われています。また、高齢者が感染してしまうと命の危険があるので、外出することは命を落とすことにもなりかねません。

こういった状況において、皆さんが銀行や郵便局、役所の申請に行かないといけない状況になってしまった場合、

誰が代わりに行ってくれるでしょうか？

施設の職員さんですか？　ケアマネジャーの方ですか？

施設の職員さんもケアマネジャーの方も、代わりに行ってくれることはありません。近くに親族や子どもがいるなら、こういった状況でも頼めば行ってくれるかもしれません。しかし、独り身の方や子どもがいない夫婦の方は、こういった状況で頼める人がいません。昨日まで元気に自分で銀行に行ったりできたのに、緊急事態宣言が発令されれば、いくら元気でも行くことができません。

今までは想像できなかった事態が、これからも起きる可能性がある

ということを想定し、対応できるように準備する必要があるということです。こういった状況でも、予め生前事務契約と任意後見契約を準備していれば、皆さんが銀行や郵便局、役所に行けなくてもその契約者が代わりに行くことができます。何も命の危険をおかしてまで、銀行や役所に行くことはありません。それで命を落としてしまったら、後悔の極みです。

そうならないためにも、やはり独り身の方や子供がいない方は、任意後見契約を準備すべきです。不確実性の高い世の中では、想像できない事が起きてしまいます。そういった事態に備えるためにも事前の準備は欠かせません。

次に、あるご夫婦の例をご紹介します。これを聞いてもらうと、もう少し具体的に必要性をイメージしていただけると思います。

子どもがいない高齢者夫婦で、旦那さんが病院に入院している場合、たいてい奥さんが旦那さんの年金や支払いの関係を管理されていると思います。こういう状態の中で、今回の新型コ

ロナウイルスに奥さんが罹患してしまった場合、いったい誰がこのご夫婦の金銭管理をするのでしょうか？

何も準備していなければ、誰も手助けすることはできません。ケアマネジャーの方やご近所の信頼できる方に何とかお願いをして、銀行のＡＴＭでお金をおろしてきてもらうくらいしかできません。ケアマネジャーの方やご近所の方もできるだけそのような事はしたくないはずです。

万が一、新型コロナウイルスの疑いがあるとなった場合は、２週間程度隔離した生活を送らなければなりません。もしかすると、１ヶ月間隔離されることも想定しておかなければなりません。

そうなってしまった場合を想定して、どう備えるか

そうなってしまった場合でも、代わりに金銭管理をお願いできるように、事前に任意後見制度を活用することではないでしょうか。夫婦それぞれに任意後見制度を使って、将来の後見人を決めておくことだと思います。元気なうちに最悪なことを想定して、準備することが必要だ

と思います。誰も経験したことのない、緊急事態宣言が発令されることがありました。これからもまたこういった事が起きる可能性は十分にあります。起きた時に、迅速に対応できるように準備することが大事です。

まだ元気だから、私は大丈夫。

この言葉をよく聞きます。

元気だからこそ、いろいろなことに備えてください。

これが私の心から願う言葉です。しっかり準備して、何も悪いことは起きません。こういった自然災害が起きた時でも大丈夫なように、任意後見制度をしっかりと活用しましょう。

4　私が主宰する団体について、他の団体と何が違うのか

私が主宰している「一般社団法人　日本ライフパートナーズ協会」についてご紹介させていただいます。

私たちの団体は、他の団体と何が違うのか、何を特徴としているのか、についてお話しさせていただきます。

まず、当協会の構成メンバーが他の団体とは大きく違います。私たちの協会は、「医療職×法律職×福祉職」というメンバーで構成された日本で初めての団体になります。どういったメンバーがいるのか具体的に言いますと、「医師」「看護師」「薬剤師」「行政書士」「司法書士」「公認会計士」「税理士」「社会福祉士」「介護支援専門員」などのメンバーで構成しています。なぜこのような構成にしたのかという理由はいくつかあります。

当協会の設立当初は、法律職だけで構成していました。しかし、いろいろと活動を続けてい

く中で、もっと相談者の方や会員さんが安心・信頼できる団体にしたい、と考え、今までの法律職に加えて、医療職や福祉職の方々にメンバーとして加わっていただきました。

このようなメンバー構成にできたのも、私が過去に医療法人に勤務していたからこそできたのかもしれません。医師や看護師、薬剤師、社会福祉士のそれぞれの役割や立場を十分に理解していたからこそ、実現できたのかもしれません。

また、理事に就任していただいた医療職の方々も私が医療業界や介護業界を理解していたからこそ、協力していただけたのかもしれません。相談者の方や会員さんのためにも、本当にこのメンバー構成にして良かったと思っています。

また、相談者や会員の方々の悩み事は、さまざまです。身体のこともあれば、不動産のこと、お金のことなどありとあらゆるものがあります。こういったことにトータルに解決できる団体を私は目指しています。また、相談者や会員の方々の生活をトータルに支援していくには、医療や介護の知識は欠かせないと考えています。

その方の生活を支援するにあたっては、医療職や介護職の方々と連携しないといけない場面が多々あります。そういった時に医療職や介護職の方々とスムーズに連携していくために、医療や介護の知識も必要です。こういった点でも、私たちの協会は他の団体とは大きく異なります。

法律、医療、介護を縦割りの断片的でなく、横断的に提案や解決できるのが、当協会の強みです。会員さんのカンファレンスにも参加させていただく機会がありますが、医療職や介護職の方と対等にお話しできるのも、当協会くらいではないでしょうか。また、医療職や介護職の方からも非常に仕事がやりやすい、連携を取りやすいというお言葉をよくいただきます。

その他に大きく違うところをいえば、「身元保証のみ」というサービスではなく、「生前事務委任契約」や「任意後見契約」、「死後事務委任契約」といった法律の手続きを行い、しっかりとその方の生活を支援できるということです。こういった法律の手続きをきちんと取ることで本人より代理権を与えられることになりますので、本人に代わって銀行に行ってお金をおろすことや、市役所の手続きにいくことも可能になります。

他の団体では、このような「生前事務委任契約」や「任意後見契約」などをはじめに結ぶということをしている団体は、かなり少ないです。こういった手続きをお願いすると、提携している士業を紹介されて、その士業と契約することが多いようです。契約する相手が個人になりますので、その士業の先生が先に亡くなったり、病気になってしまったりすると、せっかく任意後見契約などを準備していても、利用できない可能性があります。個人の方と契約する場合、このような点に不安が残ります。

しかし、任意後見契約などを任せる相手が団体であれば、このような心配がありません。団体の職員であれば、その方に代わって、銀行や市役所の手続きができます。このように個人と任意後見契約などを契約するか、団体と契約するかによって違いがあります。より、将来の不安を無くすなら、団体と任意後見契約などを結ぶほうがいいでしょう。私たちの協会は、団体になりますので、安心して契約していただけます。

また、私たちの協会では、「生前事務委任契約」や「任意後見契約」、「死後事務委任契約」の作成にかかる費用についても比較的安く提供するサービスも行っています。当協会には、オプションで身元保証をつけることができます。身元保証が必要な方は、当協会が提携する身元保証会社を紹介させていただきます。その会社と契約していただくことにより、身元保証サービスを受けていただけます。このサービスは、２０２０年4月1日より提供させていただいています。今までは当協会が身元保証サービスを提供しておりましたが、法律上の観点から当協会ではなく、第三者の法人へお願いすることに致しました。このようにした結果、以前よりも費用は安くすむことになりましたので、とても良かったです。

あとは、会員向けサービスとして、当協会と提携しているさまざまな企業様のサービスを特別価格にて受けていただくことができます。例えば、人間ドックを受けたい場合や老後の資産運用について相談したい、有料老人ホーム選びをサポートして欲しいなど、こういった場合には提携先企業様のサービスを受けていただくことができます。こういった他の企業様との提携により、会員の方にサービスを提供できる体制がある団体は、当協会くらいではないでしょうか。

私たちの協会の特徴についてまとめておきます。

【協会の特徴】

・医療職、法律職、福祉職で構成している団体（全員国家資格者で構成）
・医療や介護の知識をしっかりと持っている団体
・相談者や会員の生活の悩みをトータル（横断的に）に解決できる
・「生前事務委任契約」「任意後見契約」「死後事務委任契約」などの法律の手続きをしっかりとはじめに結ぶ（代理権付与により業務を執行します）

5　協会の活動内容

私たちの協会の活動について、ご紹介したいと思います。

私たちの協会の活動として、主に行っていることがいくつかあります。まず、医療従事者や介護従事者の方々に対して、任意後見制度をしっかりと理解していただくためにセミナーや勉強会を行っております。残念ながら、市役所の方や地域包括支援センター、ケアマネジャー、病院のソーシャルワーカーで任意後見制度をきちんと理解されている方は極めて少ないのが現実です。家庭裁判所に申立をする法定後見制度については、多くの方がある程度理解されていますが、任意後見制度はほとんどの方が理解されていません。

多くの医療従事者や介護従事者の方に任意後見制度を理解していただき、現場で活用してもらうために勉強会やセミナーを無料でさせていただいております。現在は、毎月3回程度、関西や関東の各地でセミナーや勉強会をさせていただいております。私はこういったセミナーや勉強会を独立当初から積極的に行ってきましたので、私のセミナーや勉強会の実施回数は１００回を超え、参加者の延べ人数も３０００人を超えるようになりました。実際にセミナーや勉強会に参加された医療従事者や介護従事者の方々からは「任意後見制度の活用の仕方がわかりました」、「どういった方に任意後見制度が必要なのかよく理解できました」と言っていただけます。

私たちの協会では、地域包括支援センターやケアマネジャー、高齢者施設からの相談を積極的に受けております。私たちの協会の特徴である、医療職・法律職・福祉職がメンバーにいるので、さまざまな問題を解決することができます。こういった協会の貴重な資源を地域包括支援センターやケアマネジャー、高齢者施設に無料で提供しています。

利用者さんのことで悩んでいる事案があり、私たちが協力することで解決に結びつくのであれば、私たちは積極的に支援しています。地域包括支援センターやケアマネジャーの方々は、介護や福祉についても知識はもちろんありますが、法律の知識までは専門でないために持ち合わせていません。そういった部分を私たちが補い、問題解決に向けて一緒に協力しています。

私たちは地域包括支援センターの方々やケアマネジャーの方々と一緒に利用者さんのご自宅に訪問して、成年後見制度の説明をする機会がたくさんあります。この場合、私たちの協会では、相談も何回でも無料でお受けし、もちろん交通費もいただかずに活動しております。それは、相談料や交通費をいただくと、費用がかかるということで相談することをやめてしまう方々がいるからです。任意後見制度が本当に必要な方なのに、費用がかかるということで、機会損失になってしまうのが、本人にとって最も良くないことであると考えているからです。私たち協会の資源は、公のものとして、無料で提供しています。

6　入会された方の事例のご紹介

ここでは、実際に私たちの協会に入会された方の事例をご紹介させていただきます。こういった事例に自分が該当するかもしれませんので、しっかりとみていきましょう。

まずご紹介させていただくのは、Ｏさん夫婦です。Ｏさん夫婦には子どもがいなくて、ずっと夫婦ふたりで生活をされてきました。年齢も80歳近くになってきた頃に夫の病気が発覚し、手術や入院が必要ということになりました。妻はご自宅近くの施設に入所しており、足がそれほど自由ではないので、一人で外出するというのは難しい状況です。夫の方が比較的自由にひとりで出かけられる状況です。そんな時に夫の病気が発覚し、今後の生活など将来のことについて、考えるタイミングが来ました。

【事例　①】

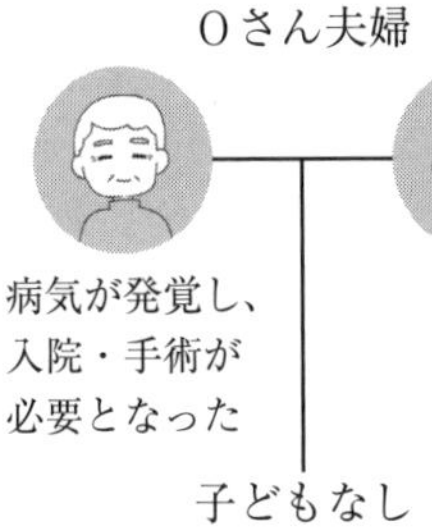

こちらのＯさん夫婦については、子どもがいませんので、もし夫

が入院してなかなか退院できない状況になってしまった場合に、銀行などに代わりにいく人がいません。妻はひとりでは行けないので、今後の生活について不安がありました。それぞれの兄弟姉妹の関係も縁遠くなっており、なかなか財産管理までお願いするというのも難しいという状況でした。

【この事例の解決するべき問題点】

・夫が長期の入院になってしまった場合、財産管理が難しくなる。
・夫婦には子どもがいないので、将来、一方の配偶者が亡くなってしまった場合、もう一方の配偶者が高齢で葬儀などができない可能性がある。
・それぞれ夫婦の兄弟姉妹の関係がそれほど良くないので、残った財産については遺言書を書かないと法定どおりの相続では兄弟姉妹にいってしまう。

そこで、このOさん夫婦に関わっていた地域包括支援センターの方から連絡があり、Oさん夫婦にとって、これから準備しておいた方がいい「生前事務委任契約」「任意後見契約」「死後事務委任契約」「遺言書」について、説明させていただき、また当協会の支援内容についてもお話しさせていただき、夫婦で入会されることになりました。Oさん夫婦は、もちろん判断能力がまだしっかりとしている状況だったので、比較的スムーズに手続きをすることができました。

今は夫の手術、治療も終わり自宅に戻られている状況です。万が一、夫の体調が悪く入院などしても、すでに「生前事務委任契約」と「任意後見契約」を結んでいますので、すぐに支援できる状況にあります。

【事例②】

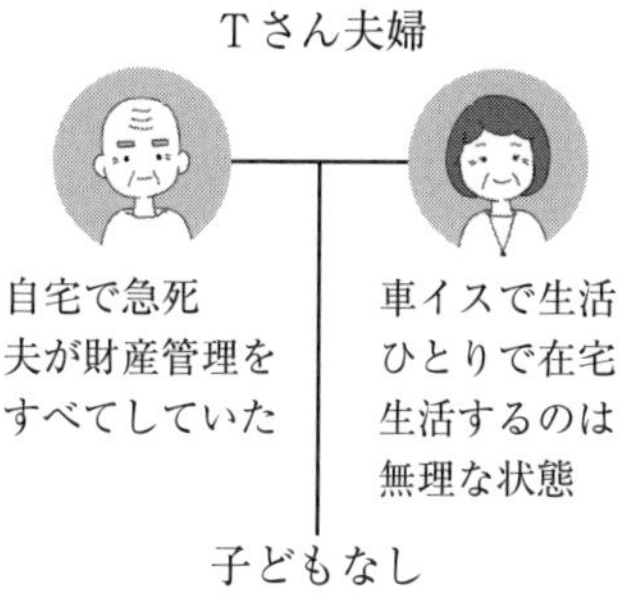

次にご紹介させていただくのは、Tさん夫婦です。

Tさん夫婦についても子どもがいない家庭でした。財産管理については、昔から夫がすべてしており、妻もすべてを夫に任せていました。夫はまだ元気な状態でしたが、心臓の疾患をもっていました。妻は高齢なこともあり、ひとりで自由に歩けるほどではなかったので、車イスで生活をしていました。Tさん夫婦は、自宅で生活をしており、たまに夫の介護負担を減らすために妻については短期ショートステイの介護保険サービスを利用していました。

いつものように妻が短期ショートステイを利用している期間に、施設が夫と連絡が数日取れないことがあり、自宅を訪ねてみると夫が急死されていました。持病であった心臓疾患が原因であったようです。

急な出来事で独り身になってしまった妻は、財産管理を夫にすべて任せてあったために、今後の生活にとても不安を感じていました。また、妻は車イスでの生活であったため、ひとりで在宅生活を続けるということも難しい状況になり、有料老人ホームなどの施設に入所して生活していかないといけなくなりました。

【この事例の解決するべき問題点】

・夫がしていた財産管理を代わりの人にしてもらわないといけない。
・夫の相続手続きをして、夫の財産を妻に移さないといけない。
・住宅型の施設に入所する際の身元保証人が必要になる。
・自宅の売却も検討しないといけない。

こういったことが解決するべき問題点としてありました。たまたま短期ショートステイを利用していた施設のグループに住宅型の施設がありましたので、そこに入所する予定でした。入所するにあたり、身元保証人をどうしたらいいかということで、施設長から当協会へ相談がありました。

まずは、妻に当協会の身元保証のサービスや今後のことも考えて、「生前事務委任契約」や「任意後見契約」、「死後事務委任契約」について説明をさせていただきました。そして、ご入会いただき、当協会が妻の身元保証人になりました（※現在、協会が身元保証人になるサービスは提供していません）。住宅型の施設の入所も無事に済ませることができました。

次に解決するべき問題としては、相続手続きでした。妻からは相続手続きについても依頼がありましたので、私が行政書士という立場で受けることにしました。先の章でも述べましたように、夫婦のみの家族で一方の配偶者が亡くなった場合、相続権はどのようになるか皆さんは覚えていますでしょうか？

夫婦のみの家族で一方の配偶者が亡くなった場合、もう一方の配偶者に相続権がすべていくわけではありません。もう一方の配偶者には3／4の相続権がいき、残りの1／4の相続権は亡くなった配偶者の兄弟姉妹にいきます。

今回のTさん夫婦の場合は、夫が相続権のことについて知識があったようで、事前に夫婦で遺言書をしっかりと準備されていました。夫婦で一方が亡くなった場合は、もう一方の配偶者にすべての財産を渡すという内容の遺言書をお互いに書いていていました。夫が将来のことまで考えてしっかりと準備されていたのには、驚きました。なかなか遺言書まで準備をされている夫婦は少ないです。遺言書のおかげで相続手続きは、スムーズに進み、夫の財産をすべて妻に移すことができました。また、夫名義で自宅がありましたので、自宅の名義も妻に変更することもできました。

次に自宅をどうするかという問題が残りました。妻は車イスでの生活であったため、在宅で生活することは無理な状況でした。何度か妻とも話し合いをして、将来の生活のために自宅を売却し、現金化することとなりました。自宅を売却するにあたり、自宅に残っている家財道具を処分しなければなりません。施設の方に協力していただき、妻を自宅に連れてきてもらい、大切なものを取りにきてもらいました。

その後、家財道具を一日かけて運び出し、処分してもらいました。そして、自宅が空っぽになった状況で不動産会社に依頼し、買い手を探してもらうことになりました。比較的早く買い手も決まり、その後売却することになりました。

今回のケースのように、配偶者の急死に伴い、自宅で生活できないような状況になり、生活が一変してしまうことがよくあります。しかし、当協会が身元保証人になり、スムーズに住宅型施設に入所することができました（※現在、協会が身元保証人になるサービスは提供していません）。また、相続手続きに関しても遺言書があったおかげで、何の問題もなく夫の財産を妻の方へ移すことができました。

妻は今、住宅型の施設で元気に生活されております。まだ判断能力もありますが、当協会が妻の財産管理をきっちりとさせていただいておりますので、妻は安心して自分の生活を不安なく暮らしております。今後、病気などになっても当協会がしっかりと対応させていただく準備は整っています。

【事例③】

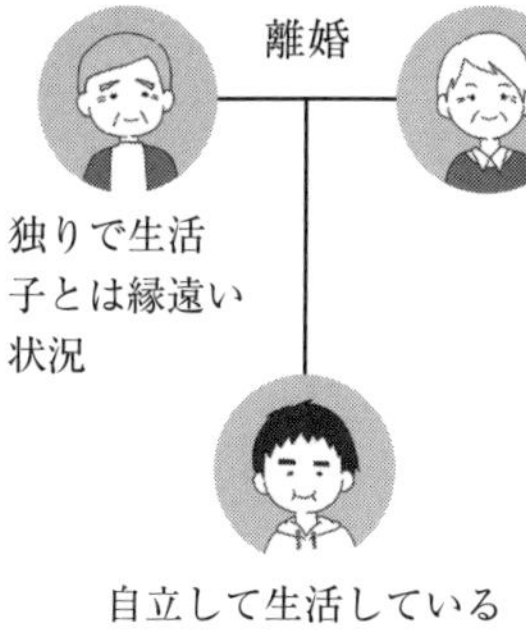

次にご紹介するのは、Iさんの事例です。

Iさんは離婚されており、前妻との間に子どもが一人います。子どもとは、なかなか良い関係を築けていない状況でした。自宅で独りで生活していましたが、病気で入院する機会があり、その入院の手続きの際に身元保証人の欄に子どもの名前を書いていいか聞くと、あまり良い返事がなかったそうです。そのため、今後また入院などをすることがあったときに子どもに頼りたくないということで、自分で任意後見制度のことを調べるようになったそうです。

Iさんに関わっていた地域包括支援センターから一度相談にのってほしい、という連絡があり、Iさんと会うことになりました。Iさんから今までの事情について、いろいろとお話しを聞くことができました。お子さんはいますが、あまり連絡をして来ないで欲しいという様子だったので、私たちは「生前事務委任契約」や「任意後見契約」、「死後事務委任契約」について、ご説明させていただきました。また、Iさんが一番心配している入院した際の身元保証人としてのサービスも説明させていただきました。Iさんは、私たちに会う前に任意後見制度のことなどをある程度調べておられましたので、理解されるのがすごく早かったです。

【この事例の解決するべき問題点】

・万が一、入院した際の身元保証人としてなってくれる人がいない。
・万が一、入院したときの財産管理をどうするか。
・自分が亡くなった時に葬儀などを子どもがしてくれるかどうかわからない。

こういった解決すべき問題について、いろいろとお話しさせていただきました。Ｉさんは一度考えさせてほしいというお返事でした。その後、半年ほど経ったある日にＩさんから電話がありました。私たちもお話しさせていただいてから、半年ほど経っていたので、他の団体で自分に合うところがあり、入会されたのだと思っていたところにＩさんから電話がありました。

Ｉさんからの電話の内容はこのようなことでした。

「半年間、いろいろな団体を調べて会ったりもしてきたが、サービスの内容と価格でそちらが一番いいことがわかりました。入会したいので、すぐに手続きをはじめてほしい。」という内容の電話でした。

Ｉさんがどの団体などと比較したのかはわかりませんが、私たちにとってはとても嬉しい瞬間でした。私たちの協会では、自分たちのサービスを押し売りすることは一切ありません。あくまでも、正しい情報提供を本人に対してする、というスタンスで仕事をしています。一度検討しますといった方に対して、しつこく電話することもありません。本人の自己決定を尊重したいと考えているからです。

たとえ、その本人の判断が周りの人から見ても間違っていたとしても、本人がそう判断したのなら、尊重してあげたいと思っています。もちろん、本人に対してアドバイスはさせていただだきます。本人の人生なので、最終的には本人が決断すればいいと考えています。
今、Iさんは元気に自宅で過ごされています。私たち協会スタッフが月1回訪問することを楽しみにされています。日ごろは、独りで生活されているので、スタッフが訪問していろいろとおしゃべりできることを喜ばれています。これからもしっかりとIさんの支援を続けていきます。

次にご紹介するのは、Yさんの事例です。

【事例④】

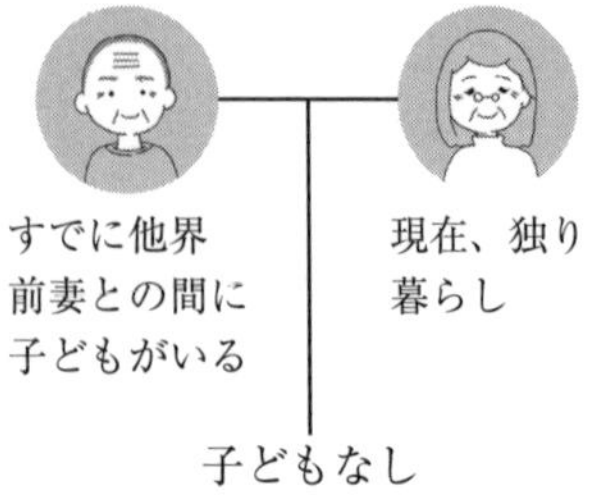

Yさんは、夫を亡くした後、前妻の子どもたちと生活をしていましたが、いろいろとトラブルがあり、ひとりで公団住宅を借りて生活をしています。Yさんはかなりの高齢ですが、まだなんとか独りで在宅生活を送ることができていました。日常生活を送るにあたり介護保険のサービスは受けておられています。そんなYさんが暮らしていた公団住宅が老朽化を理由に解体することになり、立ち退かないといけなくなりました。
立ち退きのタイミングで住宅型の施設に入所する話をYさんと担当

のケアマネジャーで話をしていました。そのタイミングでケアマネジャーから、身元保証と財産管理などについて当協会に相談がありました。

【この事例の解決するべき問題点】

・住宅型の施設に入所する際の身元保証人となる人がいない。
・将来Ｙさんの財産管理をしてくれる人がいない。
・公団住宅の立ち退きに関して、手続きなどをＹさんだけではできない。
・Ｙさんが亡くなった後、葬儀などをしてくれる人がいない。

このような問題がＹさんにはありました。

まずは、期限がある公団住宅の立ち退きに伴い、次に生活する住宅型の施設を探し、移ることが最優先事項としてありました。住宅型の施設に入所するには、身元保証人の問題がありましたので、当協会の身元保証サービスの説明をさせていただき、同時に「生前事務委任契約」や「任意後見契約」、「死後事務委任契約」の説明もさせていただき、当協会に入会していただくことになりました（※現在、協会が身元保証人になるサービスは提供していません）。

Yさんの場合は、夫とのあいだに子どもがいないので、「生前事務委任契約」、「任意後見契約」、「死後事務委任契約」が必要です。また、今回は作成していませんが、「遺言書」も書いてもらえるほうがいいと考えています。Yさんには、タイミングを見ながら遺言書のお話しをさせてもらう予定です。

Yさんにとって、住宅型の施設に生活を移すことを、まずは優先しなければなりません。高齢であるYさんに、あれもこれもと一度にいろいろな事を進めていくことを私たちは避けています。高齢者の方には、物事をゆっくりと進めてあげないと途中で疲れてしまい、うまくいかないことがあるからです。こちらのペースでなく、本人のペースを保ってあげることが大事です。

その後、Yさんの住宅型の施設を探すにあたっては、当協会とケアマネジャーがしっかりと連絡を取り合い、本人の希望するエリアや毎月の費用などを考慮しながら進めていきました。Yさんはいくつかの施設を見学し、ある施設に入居することを決められました。

入居に際しての手続きについては、当協会スタッフも立会い進めていく予定をしております。入居が決まると次は施設への引越しがあります。こういった場合でも、当協会と提携している会社に見積りを取り、実際に依頼することもあります。もちろん、当協会と提携している会社よりの他社の方が安く済む場合は他社を使っていただいていますので、その点も安心してください。

引越しが終われば、不要な家財道具を処分して、借りていた部屋を返さないといけません。Yさんは、高齢なので部屋を返却する際の立会いなどは難しいという状況です。しかし、「生前事務委任契約」や「任意後見契約」を準備していますので、Yさんの代わりに正当な立場で私たち協会が手続きすることができます。生前事務委任契約や任意後見契約を準備していないと、Yさん自身が手続きをしたり、部屋を返すにあたって立ち会わないといけないことになります。ケアマネジャーはそういったことができないので、注意が必要です。ケアマネジャーの方が何でもしてくれると、誤解されている方が非常に多いです。

ケアマネジャーの主な業務は、ケアプランを立てることです。利用者さんの引越しを手伝ったり、部屋を返却する手続きをすることは業務外の仕事です。しかし、ケアマネジャーは自分の利用者さんにはなるべくできることはしてあげようと、皆さん親切心で動いてくれていますす。そのことをしっかりと利用者さん側は理解しないといけません。ケアマネジャーもできることと、できないことがあります。私たちもなるべくケアマネジャーの方の負担を軽減できるように活動しています。

いまYさんは、住宅型の施設の入居の準備をしているところです。今後、入居の手続き、引越し、部屋の返却とやるべきことが続いていきます。私たちがしっかりとYさんの生活を支援していかないといけません。スムーズに住宅型の施設に生活を移せるように支援していきます。

次にご紹介するのはHさんの事例です。

Hさんは夫が先に他界し、現在は独り暮らしをしています。高齢のために自由に出歩くことができない状況なので、ご近所の方に銀行へ行って貰い、口座から生活費などをおろしてもらってきていました。ご近所の方も親切心で銀行に行ったりしていましたが、いつまでもこういったことはできない、Hさんに急に頼まれて困ることもある、などご近所の方の支援も限界がきていました。また、Hさんの弟さんは、病院に長期で入院しており、弟さんの病院の支払いなどもHさんがされていました。こういった状況で、万が一、Hさんが病気などで入院してしまった場合、誰もHさんの財産管理などができないことになってしまいます。そういったことになる前に任意後見

【事例 ⑤】

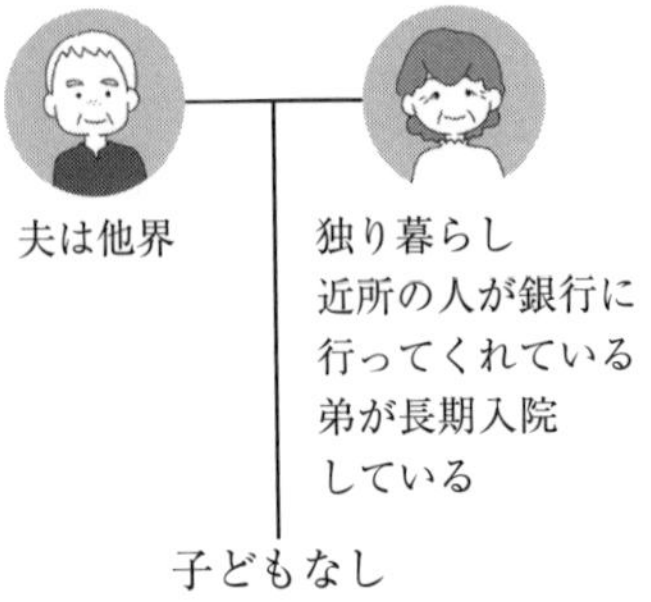

制度を利用してほしいと、担当のケアマネジャーから相談がありました。

【この事例の解決するべき問題点】

・ご近所の方が代わりに銀行にいってくれているが、そろそろ限界にきている。
・Hさんが病気などで入院した場合の財産管理をする人がいない。
・Hさんの弟さんの入院費の支払いなど、今後Hさんができなくなったら誰もする人がいない。

こういったことが解決するべき問題としてありました。

Hさんには、はじめお会いして「生前事務委任契約」や「任意後見契約」などの説明をさせていただきましたが、今はご近所の方が手伝ってくれているので、特に必要ないと言われてしまいました。当然、現時点で困ったことが起きている訳ではありませんので、そのような返事になっても仕方がないと思います。

その後、ケアマネジャーとご近所の方がHさんのことについて話をしてくれたようで、ご近所の方も法律制度でそういったことができるのであれば、そのようにしてほしいということになったそうです。そうして、ご近所の方とケアマネジャーとHさんとが話し合いをして、やっと理解をしてくれたそうです。

実際に私がはじめてHさんとお会いして説明させていただいてから、3ヶ月後くらいにHさんが理解してくれたとケアマネジャーから連絡があり、再度Hさんにお会いすることになりました。Hさんにすれば、ご近所の方が冷たく感じたかもしれませんが、ご近所の方もいつまでもHさんの代わりに銀行に行くのも大変ですし、ATMで他人の口座からお金をおろすのもいい気分ではありません。こういったことを正当にできるようにするには、「生前事務委任契約」や「任意後見契約」が必要になります。

また、Hさんの弟さんのこともあり、Hさんが病気などで入院してしまったら弟さんの病院への支払いも止まってしまい、誰も助けることができなくなります。こういったことを未然に防ぐためには、「生前事務委任契約」や「任意後見契約」がどうしても必要になります。Hさんの判断能力が低下してしまってからでは、手遅れになります。Hさんが法定後見制度を利用しようとした場合に申立人になってくれる人がいないからです。

法定後見制度が利用できなくなると本当に困ってしまうので、事前に任意後見制度の利用を促さないといけません。こういったことを考えると、Hさんの担当のケアマネジャーは事前に任意後見制度の必要性を理解されていたのだと思います。

Ｈさんは、「生前事務委任契約」や「任意後見契約」を理解されて、当協会へ入会していただきました。

今は、Ｈさんの自宅に毎月訪問させていただき、当協会と信頼関係を築いている最中です。今後は、弟さんの財産管理についての問題を一緒に解決していかないといけません。これもタイミングを見ながら、Ｈさんのペースで話を進めていければと思っております。まずは、Ｈさんとの信頼関係の構築を優先して活動しております。

ここまで見てきたように、それぞれの事例にはいくつかの共通点があったと思います。独り身であったり、子どもがいなかったりといったことが共通点としてあります。また、こういった方々は、何度も申していますが、法定後見制度の利用の際に中立人となってくれる人がいないということも共通しています。法定後見制度を利用できない状況を回避するためには、任意後見制度が本当に必要になってきます。

任意後見制度を準備するには、本人の判断能力があるうちでないとできません。本人の判断能力が低下してしまっていては、任意後見制度を利用できないので、事前対応が必要です。

このことをしっかりと理解して、自分自身で将来の生活に困らないように準備をしていきましょう。

第6章 よくあるご質問についてお答えします

この章では、皆さんからよく質問される事項について、お答えしていきたいと思っております。

1 成年後見制度を利用すると戸籍に記載されますか?

成年後見制度を利用したからといって、戸籍に記載されることはありません。ただし、東京法務局が管理する「後見登記等ファイル」に登記されます。本人の戸籍に記載されることはありません。

どうしてこのような質問をよく受けるのかと言いますと、成年後見制度がはじまる前の制度として「禁治産」「準禁治産」の制度がありました。「禁治産」「準禁治産」の宣告がされると、その事項が本人の戸籍に記載されることになっていたことから、制度利用への抵抗感がありました。このような事情をご存知の方は、よく成年後見制度についても戸籍に記載されるのではないか、と思われる方がいます。

成年後見制度を利用しても戸籍に記載されることはありません。

2　法定後見制度の後見人に家族はなれないの？

後見人に家族がなれるかどうかは最終的には家庭裁判所の裁判官が決定します。後見人として家族がなりたいという方がいる場合は、申立書類の中で後見人候補者という箇所がありますので、そこに名前を書くことができます。しかし、名前を書いたからといって、その方が必ず後見人に選ばれるかどうかはわかりません。後見人を誰にするかは家庭裁判所の裁判官が決めます。

家族の方が後見人になる割合については、年々減少傾向にあります。家庭裁判所が発表している情報を確認してみてください。家族や親族が後見人として選ばれた割合は、全体の約3割です。残りの約7割は、第三者の専門家等になります。この割合から考えると家族が選ばれる割合は非常に低いということを理解して、法定後見制度の利用を考えなければなりません。まったく知らない第三者が後見人となる可能性が高いということです。

成年後見人等と本人との関係別件数・割合

① 親族、親族以外の別

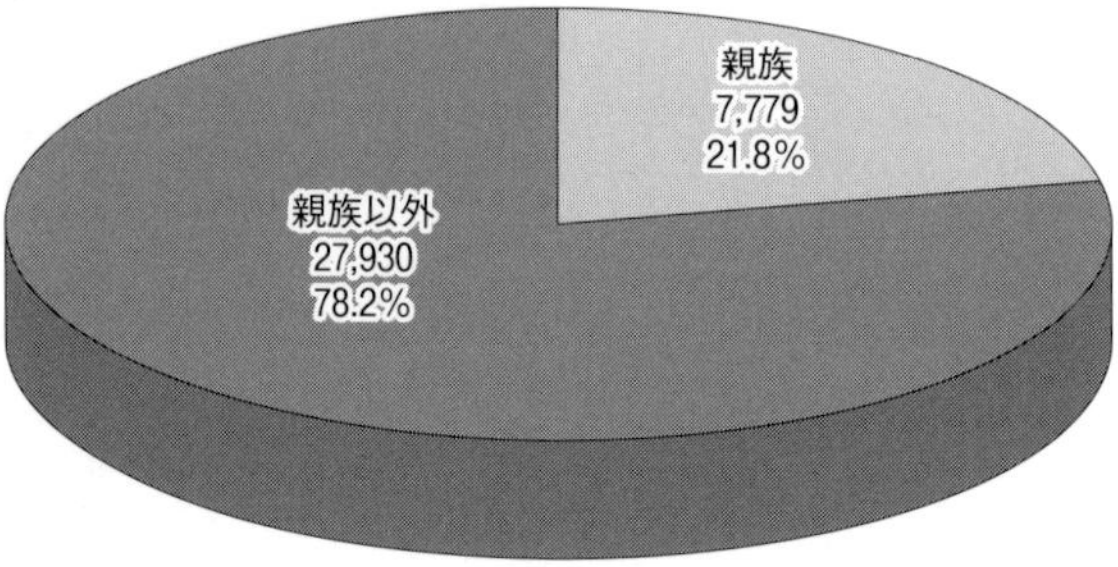

② 親族の内訳

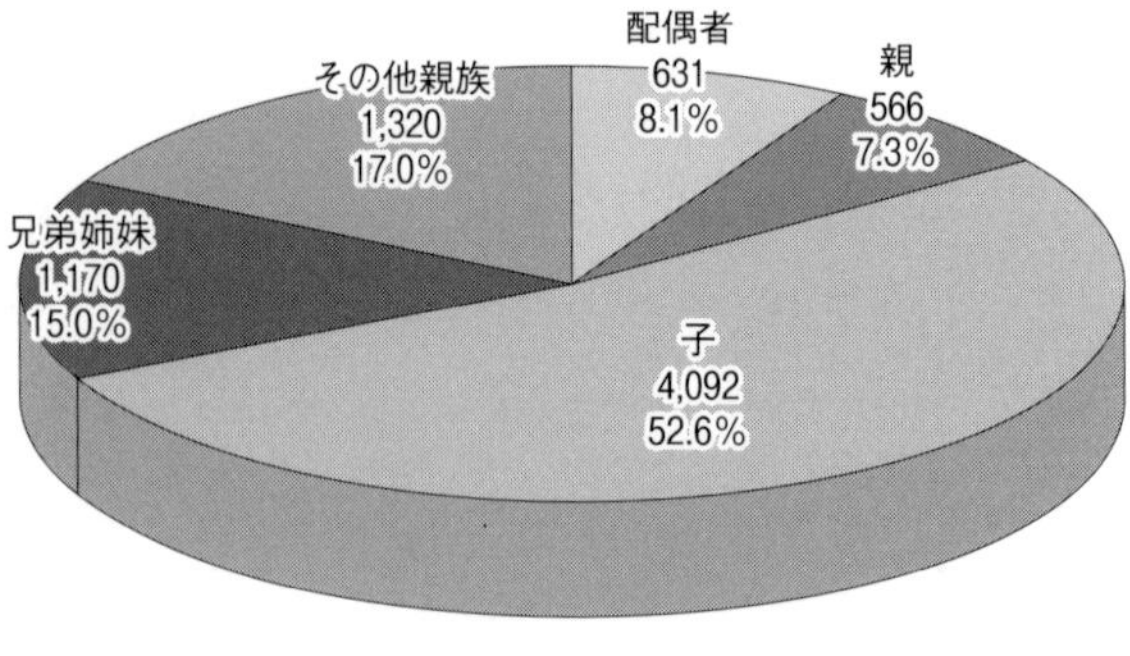

③　親族以外の内訳

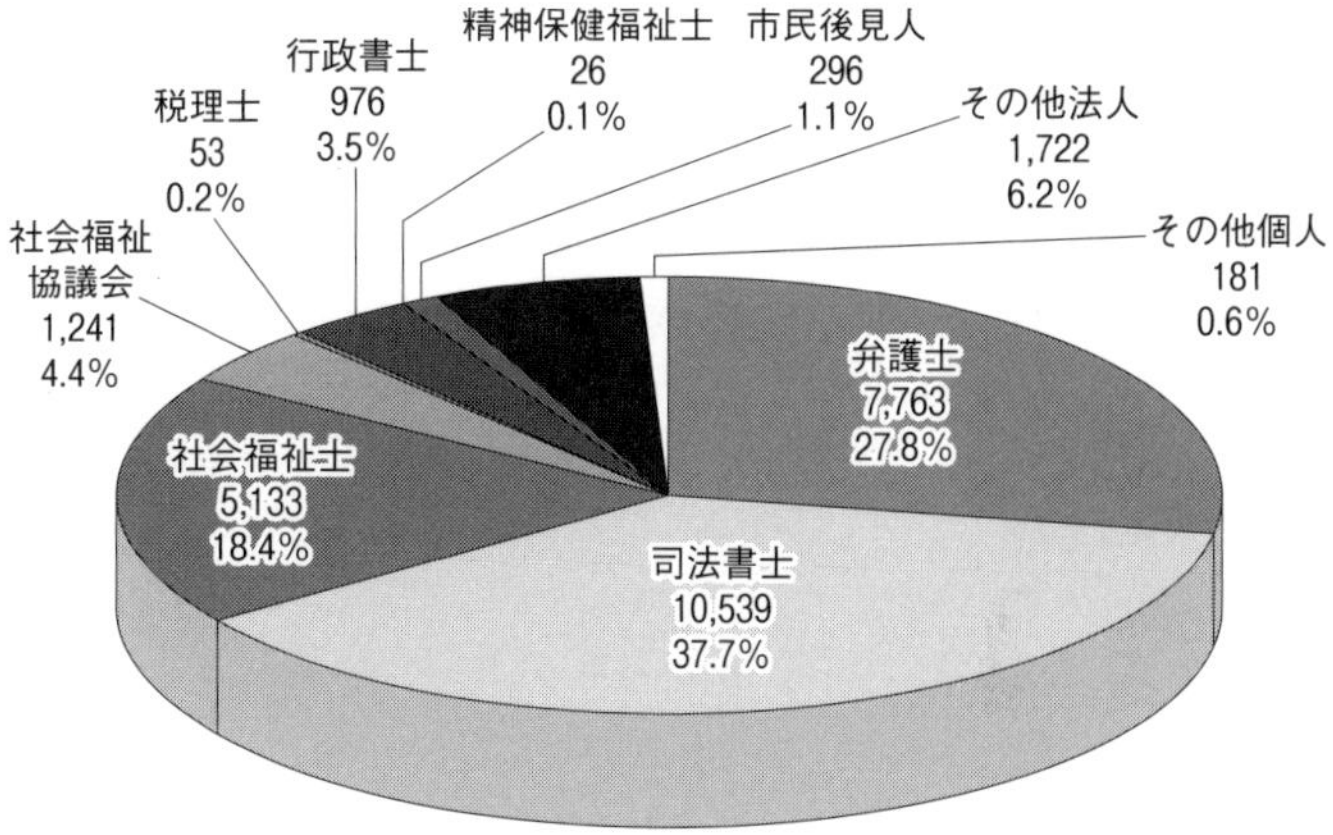

（注１）　後見開始、保佐開始及び補助開始事件のうち認容で終局した事件を対象とした。

（注２）　成年後見人等が該当する「関係別」の個数を集計したもの（35,709件）を母数としており、１件の終局事件について複数の成年後見人等がある場合に、複数の「関係別」に該当することがあるため、総数は、認容で終局した事件総数（33,369件）とは一致しない。

（注３）　その他親族とは、配偶者、親、子及び兄弟姉妹を除く親族をいう。

（注４）　弁護士、司法書士、税理士及び行政書士の数値は、各法人をそれぞれ含んでいる（その内訳は、弁護士法人265件、司法書士法人452件、税理士法人０件、行政書士法人12件であった。）。

（注５）　市民後見人とは、弁護士、司法書士、社会福祉士、税理士、行政書士及び精神保健福祉 士以外の自然人のうち、本人と親族関係（６親等内の血族、配偶者、３親等内の姻族）及び交友関係がなく、社会貢献のため、地方自治体等（※１）が行う後見人養成講座などにより成年後見制度に関する一定の知識や技術・態度を身に付けた上、他人の成年後見人等になることを希望している者を選任した場合をいう（※２、３）。

※１　地方自治体の委嘱を受けた社会福祉協議会、NPO法人、大学等の団体を含む。

※２　市民後見人については平成23年から調査を開始しているが、同年及び平成24年の 市民後見人の数値は、各家庭裁判所が「市民後見人」として報告した個数を集計したものである。

※３　当局実情調査における集計の便宜上の定義であり、市民後見人がこれに限られるとする趣旨ではない。

出所：最高裁判所事務総局家庭局「成年後見関係事件の概況―平成31年１月～令和元年12月」
https://www.courts.go.jp/vc-files/courts/2020/20200312koukengaikyou-h31.pdf

3　法定後見制度の申立人は誰でもなれますか？

法定後見制度の申立人は、誰でもなれる訳ではありません。申立人となれるのは、

- **本人**
- **配偶者**
- **四親等内の親族**
- **市町村長**
- **検察官**

となります。この方々以外は、法定後見制度の利用にあたって、申立人にはなれません。また、申立にあたって注意していただきたいことは、申立にかかる費用を本人に負担させてはいけないということです。本人のためにする申立ですが、申立にかかる費用を本人に負担させてはいけないのです。

実際に申立にかかる費用というのは、家庭裁判所に納める印紙や切手のほかに、法律の専門家に申立の書類作成を依頼した場合に作成費用があります。家庭裁判所に納める費用については、申立当日に本人負担にしてほしい旨の上申書を提出することにより、認められる場合がありますが、法律の専門家に依頼した申立書類の作成費用などは申立人負担となります。この点は、法定後見制度を利用するにあたっては注意すべき事項です。

4　後見人ができないことは、どんなことですか?

後見人ができないことは、いくつかあります。手術の同意書に署名することや、本人の延命措置について判断することなどが後見人はできません。あとは、入院する際や施設に入所する際の身元保証人にはなれません。後見人が債務を伴う保証人として、保証人の欄に署名することはできません。

それ以外に、本人に対して直接介護を提供することもできません。例えば、オムツ交換や入浴の介助など直接介護を提供するような行為はできません。通院の付添なども後見人はすることができません。

5　後見人の交代は、できるのですか？

後見人の交代は基本的にはできません。家族からの要望で、性格が合わないとか、すごく偉そうだ、などという理由では後見人の交代はできません。では、どういった場合に認められるのかというと、後見人が遠方へ引越することになり、物理的に後見人としての業務を遂行することが困難になった場合や、後見人が急病になってしまった場合などの例外的な場合に限って、後見人の交代が認められます。あとは、本人から預かっている財産を横領したなど法律に反する行為をした場合などです。

あくまでも、こういった場合に限られます。後見人の交代を強く望むのであれば、管轄の家庭裁判所に相談してみるのもいいでしょう。

6 後見人の報酬は、毎月いくら払えばいいですか？

法定後見人の報酬は、就任から1年後（本人の誕生月）に後見事務報告と報酬請求を一緒におこないます。その際に1年間の報酬について、家庭裁判所の裁判官が決定します。そういった意味では、1年後の後払いになります。毎月後見人の報酬を払っていただくことにはなりません。

一方、任意後見の後見人は毎月〇〇〇円支払う、と契約を結ばれている場合が多いかもしれません。任意後見契約での後見人の報酬について、毎月〇〇〇円支払うと取決めをしていた場合は、契約のとおり毎月後見人へ報酬を支払うことになります。任意後見制度の場合は、任意後見契約の中で報酬の支払いについては自由に決めることができますので、毎月払いや半年払い、年払いなどでもかまいません。契約書で決めた支払い方で後見人の報酬を支払うことになります。

7 後見人は亡くなった後の葬儀などもしてくれるのですか？

後見人は、本人の死亡とともに業務終了になります。したがって、後見人が本人の亡くなった後、葬儀や納骨などをすることはできません。本人が独り身で、死後のことをする人がいない場合は家庭裁判所の許可を得て、後見人は引き続き業務をすることができることがあります。基本的な考え方では、後見人は本人の亡くなった後の葬儀などはできません。

自分が亡くなった後、葬儀をしてくれる人がいないことが予めわかっているような場合は、本人の判断能力があるうちに死後事務をしてくれる方や団体と、死後事務委任契約を結んでおく必要があります。死後事務委任契約を結んでいるとその相手方が本人の亡くなった後のことも正当に行うことができます。

8　任意後見人には誰でもなれるのですか？

任意後見人には基本的には誰でもなれることができます。

ただし、未成年者、家庭裁判所で解任された法定代理人、保佐人、補助人、破産者、行方の知れない者、本人に対して訴訟をし、又はした者及びその配偶者並びに直系血族、不正な行為、著しい不行跡その他任意後見人の任務に適しない事由がある者などは除きます。

本人が信頼する相手で右記に該当しなければ、任意後見人になることができます。本人の親族ではない隣近所の方でも、本人が一番信頼しているのであれば、任意後見人になることができます。

9　任意後見契約を結んでいますが、契約解除はできますか？

任意後見契約を締結している相手と関係が悪くなってしまって、契約を解除したい場合、本人の判断能力がある状態であれば一方的に契約解除することができます。その際には公証役場の認証を受ける必要があります。本人の判断能力がまだ十分にあるうちでは、双方から契約の解除をすることができます。

10　任意後見契約を結んでいると、法定後見制度は利用できないのですか？

通常は、任意後見契約が登記されている場合、原則として、法定後見制度を利用することができません。

しかし例外として、任意後見契約が登記されている場合でも、「本人の利益のため特に必要があると認めるときに限り」法定後見制度が利用できる場合があり、その時は、任意後見契約は終了します。例えば、任意後見に与えられている代理権の範囲が狭すぎて十分な職務が出来ない場合や、任意後見人に不適任な理由がある場合も法定後見制度によらざるをえません。こういった場合において、例外的に法定後見制度の利用を認めてくれる場合があります。原則としては、任意後見契約が法定後見制度に優先します。

第7章

医療・介護従事者の方々へ

最後の章では、医療や介護に携わる従事者の方々へ、独り身の高齢者や子どもがいない高齢者夫婦に対しての支援について、私からお話ししたいと思います。

この本をここまで読んでいただいて、成年後見制度については正しくご理解いただけたかと思います。まずは、この成年後見制度について、正しい知識を知っていただきたいと思います。

私はこれまでに数千人の医療・介護従事者の方々へセミナーや勉強会を行ってきましたが、成年後見制度に対してきちんとした知識をお持ちの方はほとんどいませんでした。もちろん、そういった方々は、医療や介護の専門職の方々なので、成年後見制度についてはどちらかというと自分たちの範疇ではない領域かもしれません。そういった事をふまえると、成年後見制度に対して、完璧な知識を求めるのはそもそも難しい、と私は考えます。

ただ、成年後見制度の基本的な知識は持っていただきたいと思っています。残念ながら、高齢者の方々から直接私たちのところへ成年後見制度ついて、相談があることはほとんどありません。たいていの場合は、医療・介護従事者の方々からの相談です。病院から在宅に戻るタイミングで相談があったり、逆に、在宅から病院へ入院するタイミングや、病院やご自宅から有料老人ホームなどに入居するタイミングだったり…とさまざまです。相談をいただくタイミングについても、もっと早くしてくれたらこうできたのに、と思うこともあります。

では、そうならないためには、どうしたらいいか。

本人の生活状況や家族などの支援者の状況を、将来と照らし合わせて考えないといけないと思います。今は、本人が元気で自分で財産管理が出来ているが、将来の5年後を考えたときに、本人が自分で財産管理が出来なくなった場合、誰が代わりにしてくれるのか、本人の体調が悪くなり、入院してしまった場合に誰が病院で手続きをしてくれるのか、そういったことを考えたとき、誰も頼める人がいないと思うなら、すぐにでも任意後見制度の利用を考えていかなければなりません。

実際に私はこういう経験をしました。

ある訪問看護師の方からの相談を受けました。利用者さんが独り身の高齢者の方で、年齢も80代になってきている。今は元気だが、将来のことを考えると任意後見制度を今のうちに準備してもらった方がいいと思う。近くに親戚の方がいて、いろいろとお世話をしてくれているが、その親戚の方も高齢なので、不安な点は解消されない。一度、利用者さんに会って任意後見制度の説明をしてほしい。

こういう相談を受けました。この訪問看護師さんは、任意後見制度について基本的な理解がある方なので、利用者さんの将来を考えた時に必ず問題になるであろう財産管理について、今準備しないといけないと考えて相談してくれました。

この相談を受けて、私もこの方には任意後見制度を使った方がいいと思いました。そして、私が任意後見制度を説明するアポイントを取ってください、とお願いしました。そして、訪問看護師さんは、ご本人さんに任意後見制度について、簡単に説明をし、私から詳しく話を聞いたらどうかと尋ねてくれました。しかし、その場にいた地域包括センターの職員の一言ですべてのが台無しになりました。

「○○○さんは、まだ元気だし、自分でしっかりお金の管理は出来てるよね。」

この一言を聞いた本人は、まだ私は元気だし、大丈夫、まだこの制度を準備するのは早いかな、と思い直して、私と会うこともしませんでした。この一言が本人の将来にどれだけ無頓着なのか、よくわかりました。この地域包括支援センターの職員の方は、間違いなく任意後見制度を理解されていないと思います。しっかり理解されていたら、訪問看護師さんの提案について同調してくれていたはずです。

私は、この**【現在しか考えない視点】**がとても危険だと本当に思います。

このような視点、考え方は、医療・介護従事者の方々に多いのではないかと、とても危惧しています。

独り身の高齢者や子どもがいない高齢者夫婦を支援するにあたっては、**【将来から現在をみる視点】**が重要になります。

この視点を持って、医療・介護従事者の方々には高齢者の支援をしていただきたいと思っています。この視点を持つことによって、将来本人に起こりうる問題を解決できる準備を今できます。

問題が起こってから対応する、という**【現在しか考えない視点】**を今すぐにでも改めていただきたいです。

そうすることによって、本人たちを将来の問題から守ることができます。

では、なぜ**【現在しか考えない視点】**をもっている人が多いのか？　その原因は、2つあると私は考えています。

まず1つ目は、医療・介護の現場で先輩や管理職から【将来から現在をみる視点】を教わっていない、そのような視点で考えている先輩や管理職を見ていないのだろう、と思います。どうしても問題が発生してからの対処法ばかりで、問題解決を図ろうとするので、そもそも事前に準備をしていたら、もっと問題解決ができたのでは？　という思考が抜けているのではないかと思っています。

2つ目は、任意後見制度などの制度の理解不足や知識不足が原因だと考えています。将来このままいけば、問題が起きそうだな、ということも知識が十分にあれば、気づくのではと思います。その気づきの前提には、十分な知識があることが重要です。十分な知識がないと、【将来から現在をみる視点】は養えないだろうと思います。

この2つの原因を解決するためには、どうすればいいか？

私が考えるには、職場内などで勉強会を開催し、制度の理解を促し、また事例検討会を行うことも大切だと思います。事例検討会を行うことで、よりリアルに制度の必要性に対して、気づきを与えることができます。

なかなか講師をお願いする人がいない場合は、ぜひ私に依頼してください。私は、講師料をいただきません（交通費はいただいています）。ボランティアのような形で医療・介護従事者向けに勉強会やセミナーの講師を引き受けています。各地域のケアマネジャーの会議や地域包括支援センターの職員の方向けに講師をさせていただきました。また、埼玉県看護協会からも講師依頼をいただき、訪問看護師の方々に勉強会をさせていただきました。

もし、この書籍を読んで勉強会を依頼したいと思われましたら、遠慮なくご依頼ください。多くの方々にこの制度を理解していただくことにより、たくさんの独り身の高齢者や子どもがいない高齢者夫婦を支援することができます。

また、医療・介護従事者の方々には患者さんや利用者さんに対して、どういった支援ができるかで悩まれることも多いと思います。成年後見制度を利用したいがどうしたらいいのか、そもそも利用できるのかなど不安なことをあると思います。そんな時も電話をいただけましたら、現状をお聞きしてアドバイスさせていただくこともできます。医療・介護の現場では、よく相談する人がいないということもよく聞きます。私であれば、病院で長らく勤務していた経験がありますので、医療や介護のことについても知識がありますので、皆さんの立場を理解した上で、アドバイスすることができます。もちろんですが、相談料などは一切いただいていませんので、安心してください。

勉強会の講師や電話での相談など、遠慮なくしていただければと思います。私が主宰する団体が皆さんの社会資源のひとつになれればと常に考えております。

【著者略歴】

東向　勲（ひがしむき　いさお）

大阪学院大学法学部卒

ひがしむき行政書士事務所　代表

一般社団法人日本ライフパートナーズ協会　代表理事

大学卒業後すぐに行政書士資格を取得。その後、上場会社や医療法人の総務人事課で勤務する。医療法人で約10年間勤務したキャリアを活かし、医療・介護・福祉専門の行政書士として開業。主に認知症の方の法律的支援や医療・介護従事者の法律に関するセミナーなどをおこなっている。社会福祉協議会や地域包括支援センターなどからの講演依頼も多数。現在までのセミナー受講者数は延べ1000人以上。

2021年2月15日　第1刷発行

70歳までに知っておきたい！
認知症でも困らない財産管理の方法
—成年後見制度を活用してイザという時に困らない老後対策を—

©著　者　東向　勲
発行者　脇坂康弘

〒113-0033　東京都文京区本郷3-38-1
発行所　株式会社 同友館
TEL. 03(3813)3966
FAX. 03(3818)2774
URL　https://www.doyukan.co.jp/

乱丁・落丁はお取替えいたします。　三美印刷／松村製本所

ISBN 978-4-496-05525-6　Printed in Japan